••• **Títulos relacionados**

HOTG0208 VENTA DE PRODUCTOS Y SERVICIOS TURÍSTICOS

[DISPONIBLE CERTIFICADO COMPLETO]

Productos, servicios y destinos turísticos UF0073

Laura Cristina Álvarez Gómez

© 2024 Ediciones Paraninfo, S. A.
© 2024 Laura Cristina Álvarez Gómez

Edición y maquetación: Ediciones Nobel, S. A.

Impresión: Liberdigital (Casarrubuelos, Madrid)
ISBN: 978-84-283-6521-5
Depósito legal: M-22671-2024

Impreso en España

Autora

Laura Cristina Álvarez Gómez es licenciada en Ciencias de la Información, rama Publicidad y Relaciones Públicas, por la universidad San Pablo CEU de Madrid. Además, posee el MBA en Dirección Estratégica de Recursos Humanos y el máster en Formación del Profesorado de Secundaria, Bachillerato y FP. Su experiencia laboral abarca varios campos: consultora de marketing y comunicación, formadora en diversas empresas e instituciones y profesora de Formación Profesional en ciclos de grado medio y superior. Actualmente compagina la labor docente con el trabajo en su empresa 13cielos Comunicación.

A mi madre. To the moon and back

Índice

4. Otros elementos y componentes de los viajes combinados, excursiones o traslados

5. Principales destinos turísticos nacionales

6. Principales destinos turísticos internacionales

Introducción normativa

La Ley Orgánica 3/2022, de 31 de marzo, de ordenación e integración de la Formación Profesional, contiene una disposición derogatoria única que afecta a la regulación de los certificados de profesionalidad, ahora denominados **Certificados Profesionales.** La referida normativa deroga la Ley Orgánica 5/2002, de 19 de junio, de las Cualificaciones y de la Formación Profesional, y abre un escenario de cambios que se irán implementando progresivamente.

La Ley Orgánica 3/2022, de 31 de marzo, de ordenación e integración de la Formación Profesional implica que toda la formación es acumulable. La oferta formativa se estructura de forma escalonada, siendo los Certificados Profesionales un nivel intermedio (Grado C) de una escala que va desde el Grado A hasta el E.

En los artículos 35 a 38 de la Ley 3/2022 se describe en qué consisten estos Certificados Profesionales: su oferta, formación asociada, estructura, duración, acceso, titulación y validez. Posteriormente, esta normativa se completa con lo dispuesto en el Real Decreto 659/2023, de 18 de julio, que desarrolla la ordenación del sistema de Formación Profesional. Concretamente en los artículos 67 a 81 es donde se hace referencia a la oferta formativa de Grado C, correspondiente a los Certificados Profesionales.

Están agrupados en 26 familias profesionales con características comunes del sector. En la actualidad hay más de medio millar de Certificados Profesionales incluidos en el Repertorio Nacional. Esta cifra no deja de crecer. Además, cada certificado está específicamente regulado por un real decreto.

Un Certificado Profesional corresponde al Grado C de la oferta del Sistema de Formación Profesional. Es un documento oficial, con validez en todo el territorio nacional y debe constar en el Catálogo Nacional de Ofertas de Formación Profesional, que certifica la capacitación para el desarrollo de una actividad profesional.

Debe detallar los módulos profesionales superados y los estándares de competencia profesional asociados a él e incluidos en el **Catálogo Nacional de Estándares de Competencias Profesionales**, así como su correspondencia con el Marco Español de Cualificaciones.

Despliegan su validez en un doble ámbito, laboral y académico:

- En el contexto laboral tienen validez profesional, porque acreditan las competencias en una determinada profesión. Para poder trabajar en algunas profesiones, se exigen determinadas cualificaciones, y los certificados sirven para acreditarlas.

- Asimismo, tienen validez académica, puesto que permiten continuar un itinerario formativo siempre que se cumplan los requisitos de acceso para cursar la titulación deseada. De tal modo que, los Certificados Profesionales que sean parte de un Grado D permitirán la matrícula modular para completar los módulos establecidos en el currículo y obtener el correspondiente título de técnico básico, técnico o técnico superior con validez en todo el territorio nacional.

Para obtener un Certificado Profesional (Grado C) es preciso cumplir con los requisitos de acceso para realizar la formación.

Estructura de los Certificados Profesionales

I. Identificación: denominación, familia y área profesional a la que pertenecen; nivel de cualificación profesional (1, 2 o 3); cualificación profesional de referencia; entorno profesional y módulos formativos que esté previsto cursar junto con la duración de cada uno de ellos.

II. Perfil profesional: incluye las competencias profesionales requeridas en el mercado laboral. En todas ellas se concretan las realizaciones profesionales y los criterios de realización.

III. Formación: describe los módulos formativos que esté previsto cursar para adquirir las competencias requeridas. En cada uno de ellos se indican las capacidades que se pretende alcanzar y la duración del módulo de prácticas no laborales —PNL—, para el que cabe solicitar exención si se cumplen determinados requisitos.

IV. Prescripciones de las personas formadoras.

V. Requisitos mínimos de espacios, instalaciones y equipamiento.

Los Certificados Profesionales se identifican con una denominación concreta y un código alfanumérico propio, y sirven para acreditar una determinada cualificación profesional. Cada certificado está asociado a una relación de unidades de competencia que, a su vez, se vinculan con una serie de módulos formativos específicos. Algunos módulos están integrados por unidades formativas y tanto unos como otras son, en ocasiones, transversales, lo que significa que se trata de contenidos incluidos en más de un Certificado Profesional.

Los Certificados Profesionales se articulan en tres niveles de competencia profesional (1, 2 y 3) conforme a lo dispuesto en el que será el Catálogo Nacional de Estándares de Competencias Profesionales, anteriormente Catálogo Nacional de Cualificaciones Profesionales (CNCP), según los criterios establecidos de conocimientos, iniciativa, autonomía y complejidad de las tareas, en cada una de las ofertas de Formación Profesional.

La oferta formativa dirigida a la obtención de los Certificados Profesionales tiene carácter modular para favorecer la acreditación parcial acumulable de la formación recibida y posibilitar así el avance en el itinerario de Formación Profesional para cualquiera que sea la situación laboral de cada persona en cada momento.

En definitiva, el Grado C constituye la oferta, parcial y acumulable, del sistema de Formación Profesional, de varios módulos profesionales del catálogo modular de Formación Profesional por razón de su significado en el mercado laboral y conducente a la obtención de un Certificado Profesional.

Las ofertas de Grado C de Formación Profesional tendrán por objeto módulos profesionales incluidos previamente en el catálogo modular de formación profesional y asociados al Catálogo Nacional de Estándares de Competencias Profesionales.

Finalidad de los Certificados Profesionales

- Contribuir a la ordenación de un Sistema de Formación Profesional al servicio de un régimen de formación y acompañamiento profesionales que sea capaz de responder con flexibilidad a los intereses, expectativas y aspiraciones de cualificación profesional de las personas a lo largo de su vida.

- Combinar escuela y empresa situando a la persona en el centro del sistema.

- Facilitar el aprendizaje permanente de toda la ciudadanía mediante una formación abierta, flexible y accesible, estructurada de forma modular, a través de la oferta formativa asociada al certificado.

- Acreditar las cualificaciones profesionales o las unidades de competencia recogidas en estas, independientemente de su vía de adquisición, bien sea través de la vía formativa, o mediante la experiencia laboral o vías no formales de formación.

- Favorecer, tanto a nivel nacional como europeo, la transparencia del mercado de trabajo.

- Contribuir a la calidad de la oferta de Formación Profesional.

Este libro

El presente libro desarrolla la Unidad Formativa denominada *Productos, servicios y destinos turísticos,* UF0073.

Dicha unidad formativa está asociada a la Unidad de Competencia UC1055_3, forma parte del Módulo Formativo MF1055_3 *Elaboración y gestión de viajes combinados* perteneciente a la Cualificación Profesional de referencia HOT330_3, de nivel 3, incluida en el Certificado de Profesionalidad denominado *Creación y gestión de viajes combinados y eventos,* dentro de la familia profesional Hostelería y turismo.

Según el Real Decreto 1376/2008, de 1 de agosto, modificado por el RD 619/2013, de 2 de agosto, los contenidos que en esta obra se recogen se corresponden con una duración de 90 horas.

Tanto la estructura como el desarrollo del libro se ajustan al citado real decreto y más concretamente a los contenidos de la Unidad Formativa que le da título *Productos, servicios y destinos turísticos,* UF0073.

Contenidos

1. **El Turismo y la estructura del mercado turístico**
   - Concepto de turismo. Evolución del concepto de turismo
   - El sistema turístico. Partes o subsistemas
   - La demanda turística. Tipos de demanda turística. Factores que determinan la demanda turística individual y agregada
   - La oferta turística. Componentes de la oferta turística
   - Evolución histórica del turismo. Situación y tendencias
   - Análisis de la oferta y comportamiento de la demanda turística española: destinos y productos asociados
   - Análisis de la oferta y comportamiento de la demanda internacional: destinos relevantes y productos asociados

2. **El alojamiento como componente del producto turístico**
   - La hostelería. Los establecimientos de alojamiento. Clasificaciones y características.
   - Relaciones entre las empresas de alojamiento y las agencias de viajes y turoperadores.
   - Principales proveedores de alojamiento.

- Tipos de unidades de alojamiento y modalidades de estancia. Tipos de taridas y condiciones de aplicación. Cadenas hoteleras. Centrales de reservas

3. **El transporte como componente del producto turístico**
   - Transporte por carretera
     — Vías de comunicación
     — Alquiler de automóviles
     — Servicios de autocares
     — Principales compañías
   - Transporte por ferrocarril
     — Tipos de trenes
     — Principales líneas de ferrocarriles
     — Emisión de billetes de transporte de ferrocarril
     — Principales compañías
   - Transporte acuático
     — Características
     — Puertos. Clasificación
     — Modalidades y servicios en los transportes marítimos
     — Características y clases de barcos
     — Principales compañías navieras
     — Los cruceros: compañías, rutas, tarifas
   - Transporte aéreo
     — Tipos y funciones de las compañías aéreas
     — Transporte aéreo comercial
     — Compañías aéreas regulares
     — Tipos de servicios

4. **Otros elementos y componentes de los viajes combinados, excursiones o traslados**
   - El transporte discrecional en autocar. Relaciones. Tarifas. Contrastes. Normativa
   - El alquiler de automóviles con y sin conductor. Tarifas. Seguros. Procedimientos de reservas. Bonos y boletines de presentación. El viaje combinado *fly-drive*

- Los cruceros marítimos y fluviales y sus características. Tipos. Tarifas
- Prestaciones. Reservas
- Los servicios de acompañamiento y asistencia turística. El servicio de guía turístico
- Los seguros de viaje y los contratos de asistencia en viaje. Gestión de visados y otra documentación requerida para los viajes

5. **Principales destinos turísticos nacionales**
  - Turismo de sol y playa
    — El producto sol y playa
    — Análisis del turista de sol y playa
    — Las playas españolas
    — Costas peninsulares
  - Turismo de naturaleza y turismo activo
    — Ecoturismo. Turismo rural
    — Los parques nacionales y naturales
    — Actividades terrestres, acuáticas, aéreas, mixtas y de multiaventura
    — Productos turísticos unidos a deportes de aventura y a deportes tradicionales
    — Análisis de la demanda
  - Turismo cultural y religioso
    — Patrimonio cultural y religioso de España
    — Destinos e itinerarios del producto cultural y religioso. Imagen y comercialización
    — Análisis de la demanda
  - Turismo profesional
    — Turismo profesional en España
    — Principales destinos
    — Análisis de la demanda del turismo profesional
  - Turismo social y de salud
    — Turismo de salud y belleza: aguas termales y balnearios
    — Turismo social
    — Turismo de idiomas, temático y residencial
    — Análisis de la demanda del turismo social y de salud

- Oceanía
  — Principales destinos turísticos en Oceanía: Australia, Nueva Zelanda e Islas del Pacífico
  — Destinos especiales
  — Análisis de la demanda

Nota del editor

En Ediciones Paraninfo estamos comprometidos con la calidad de la formación e intentamos que nuestros materiales, respondan fielmente y con rigor a las necesidades de todos cuantos confían en nuestro sello editorial.

Tratamos de dar respuesta a los currículos de las unidades formativas y de los módulos que integran los distintos Certificados Profesionales, equilibrando la parte teórica con la práctica para que los procesos de aprendizaje se conviertan en experiencias gratificantes tanto para docentes como para las personas inmersas en los procesos formativos.

Contribuir de forma decisiva a afianzar aprendizajes, ayudar a adquirir destrezas que tengan significado para el empleo y conseguir potenciar el desarrollo personal es nuestra mayor satisfacción como editores.

Para lograrlo contamos con excelentes autores, expertos en las materias que abordan, en la mayoría de los casos docentes de dichas especialidades con dilatada experiencia profesional y académica, porque buscamos perfiles familiarizados con los contextos laborales concretos a los que se refieren nuestros manuales.

Confiamos en poder serte de ayuda y esperamos tus impresiones acerca de nuestro trabajo. Sean positivas o negativas, serán muy bien recibidas y, sin duda, nos ayudarán a seguir mejorando y trabajando con ilusión para continuar siendo un referente en formación para el empleo.

Agradecemos tu confianza en nuestros manuales. Todo nuestro equipo queda a tu total disposición. Puedes contactar con nosotros en esta dirección de correo electrónico: info@paraninfo.es.

1. El turismo y la estructura del mercado turístico

Contenido

El turismo se presenta como una actividad económica compleja y dinámica. Su evolución a lo largo de la historia ha ido definiendo cada una de sus características y contextos, para llegar a lo que es en la actualidad, un gran potencial para cualquier país.

En aras de una mejor comprensión, a lo largo de la esta unidad estudiaremos el concepto de turismo y su alcance utilizando todos los estudios y textos provinientes de la Organización Mundial de Turismo, repasaremos la evolución de este sector a lo largo de los momentos claves de la historia para llegar al panorama actual, donde analizaremos la tipología de clientes en función del tipo de turismo y las características de la oferta.

1.1. Concepto de turismo. Evolución del concepto de turismo

Concepto y contexto del turismo

El término *turismo* siempre ha venido unido a la idea de viajar por ocio, descanso o conocer nuevos lugares. Hoy en día, a nadie se le escapa que es una actividad en constante evolución y crecimiento y que, además, interviene como factor incidente en la economía de los países. Ha adquirido un protagonismo como sector singular, y, por ello, es conveniente contextualizar sus bases y definir sus dimensiones.

En primer lugar, la Organización Mundial de Turismo (OMT) define el concepto de turismo como la actividad que realizan las personas (solas o en grupo) en lugares diferentes al suyo habitual durante un periodo consecutivo inferior a un año por motivos no remunerados.

A la hora de enumerar las posibles clasificaciones, debemos recalcar sus características. La OMT realiza una distinción según la relación que este guarde con el lugar, de esta forma nos encontramos tres tipos de turismo:

Turismo emisor	Es aquel en el que los residentes viajan fuera de su entorno de referencia.
Turismo receptor	Es aquel en el que los no residentes viajan dentro del entorno de referencia.
Turismo interno	Es aquel en el que los residentes viajan dentro de su entorno de referencia.

Podemos agregar que, dentro de estos tipos, entendemos el término *entorno* como país o región, y, por supuesto, puede dar lugar a otra posible combinación del turismo: interior, nacional o internacional. La propia OMT indica la complicación de definir entorno habitual o de referencia, y, por ello, deja libertad a los propios países para que definan sus características. Si, por ejemplo, una persona tiene una segunda residencia en la playa, ¿se considera turismo? En teoría, siempre y cuando no se realice el desplazamiento con asiduidad; aun así, como no hay parámetros que definan esa asiduidad, existen zonas un poco grises, aunque en la práctica lo consideremos como dos vertientes separadas.

Un *destino turístico* es un espacio que cuenta con una serie de elementos y recursos que suponen una atracción. El movimiento de personas hacia ese lugar por los motivos que hemos enumerado anteriormente es lo que conocemos como *flujo* o *corriente turística.*

Respecto al papel que juegan los países en el contexto turístico conviene diferenciar entre:

- País emisor: aquel que genera una corriente turística hacia otros países considerados un destino turístico.

- País receptor: aquel país considerado destino turístico por los recursos que ofrece y que atrae una corriente turística.

Otra clasificación, quizás la más habitual parte de los motivos que pueden encontrar los viajeros para desplazarse, la OMT indica las siguientes situaciones que se pueden producir:

- Motivos personales.

- Visitas a familia o amigos.

- Vacaciones y descansos.

- Motivos de salud.

- Motivos religiosos.

- Motivos profesionales.

- Compras.

- Tránsito.

Una vez contextualizada la definición de turismo y sus tipos, conviene reflexionar sobre la figura que desempeñan los sujetos en la actividad. Comúnmente utilizamos la palabra *turista* para hablar de cualquier persona que se mueve durante periodos vacacionales; sin embargo, existen diversas acepciones dependiendo de las características, y, por supuesto, se comienza hablando de *visitante*. La OMT realiza la siguiente definición: un visitante es una persona que viaja a un destino principal distinto al de su entorno habitual, por una duración inferior a un año, con cualquier finalidad principal (excepto actividades lucrativas, como por ejemplo, trabajar en el país receptor). A su vez, se clasifica como turista (visitante que pernocta), si su viaje incluye una pernoctación, o como excursionista (o visitante de día sin pernocta).

La evolución del concepto de turismo

Desde el punto de vista etimológico, el término *turismo* hace referencia al vocablo inglés y francés *tour*, que significa viaje o excursión, proveniente del latín *tornus*.

Como actividad, el turismo ha ido evolucionando a la par que el ser humano y la sociedad. Es difícil precisar una fecha de inicio para la actividad, pero hechos significativos a lo largo de la historia dan como resultado el fenómeno que conocemos en la actualidad. Algunos de los periodos que destacan son los siguientes:

Edad Antigua

Egipto	• Desplazamientos de carácter religioso, viajes para conocer las pirámides.
Grecia	• Aparecen las Olimpiadas, y, con ello, cada cuatro años se concentran flujos de población en la ciudad de Olimpia. • Heródoto de Halicarnaso, geógrafo e historiador, realiza numerosos viajes para plasmarlos en sus libros, de los primeros en esta materia. • Peregrinaciones religiosas, como las que se dirigían a los oráculos de Delfos y de Dodoma.
Roma	• Aparecen buenas comunicaciones, lo que permite a los romanos el desplazamiento a lo largo del Imperio. Es una época de paz y economía boyante. • La actividad cultural cobra gran importancia, así como los espectáculos en teatros o circos. • Desarrollan viajes de salud: termas romanas como Caracalla.

Edad Media

En contraposición a la época anterior, se vive un momento de recesión económica por el aumento de conflictos, esto hace que los viajes culturales o por motivos de placer se disminuyan. Como momento fundamental, vuelve a resurgir el viaje religioso o peregrinación con más fuerza. El movimiento de personas por razones religiosas se hace fuerte debido al auge del cristianismo y del islam, que concentran un número sin igual de creyentes. Como peregrinaciones reseñables destacan:

- Tierra Santa: expediciones religiosas para restablecer el control del cristianismo.

- El Camino de Santiago: la tumba del santo se descubre en el año 814, y comienza así un culto que lleva a desarrollar mapas y alojamientos para todos los caminantes que desean llegar a presentar sus respetos.

- La Meca: este viaje, de obligado cumplimiento para todo musulmán al menos una vez en la vida, es uno de los cinco pilares del islam.

Edad Moderna

Durante esta época, las peregrinaciones continúan, y comienzan a tomar gran importancia las expediciones por mar para españoles, británicos y portugueses. Es la era de los descubrimientos y la curiosidad.

Cabe destacar la aparición de las diligencias, de esta forma, ya era posible realizar viajes largos con equipajes y un séquito amplio, recordemos que las clases pudientes de la época viajaban en grandes comitivas acompañados de su servicio. Es en estos momentos cuando surgen los primeros hoteles, por la necesidad de alojar a estos grandes grupos en palacios de tipo urbano.

A finales del siglo de XVI surge un movimiento, que en muchos manuales sugiere el principio del turismo moderno propiamente dicho, que recibió el nombre de *Grand Tour*. Consistía en la costumbre de enviar a los jóvenes de clase alta de viaje por Europa al finalizar su formación, a través de este viaje, que podía durar varios años, estos adquirían experiencia y cultura de diversas fuentes, y, de esta forma, su conocimiento se enriquecía para ocupar puestos de gran importancia en sus ciudades o incluso países.

Se retoma la actividad de los romanos relativa al turismo de salud y el agua. Las termas, baños de barro o el uso del agua de mar como tratamiento comenzaron a usarse bajo prescripción médica.

Con la era contemporánea, llega la Revolución Industrial, que supone un cambio fundamental para Europa. Se consolida el sistema de transportes, pasando de aquellos que eran tirados por animales a las máquinas de vapor en trenes y barcos. Esto reduce el tiempo de viaje y, por tanto, aumentan las líneas. Por otro lado, la clase media adquiere mayor solidez y peso económico, permitiendo el tiempo libre y la disposición de recursos.

Un punto de inflexión importante para el turismo fue el 5 de julio de 1841 con Thomas Cook, quien organiza el primer viaje del tipo paquete turístico en toda la historia. Aunó a un grupo de 500 personas que querían ir de Leicester a Loughborough (unas 11 millas) para asistir a un mitin antialcohol. De esta forma, Cook acordó con la línea de ferrocarril recibir un porcentaje por la venta de cada billete. Cobró un chelín a cada uno de los viajeros, lo que incluía el viaje y la comida. A partir de este momento, se crea la primera agencia de viajes del mundo, llamada Thomas Cook & Son, a lo que siguió el desarrollo del bono o váucher como documento de uso en servicios contratados por la agencia de viajes.

Tras finalizar la Primera Guerra Mundial, y comenzar un periodo de saneamiento, comienza la fabricación de automóviles en serie, de momento no era apto para todo tipo de bolsillos, pero sí para las familias de clase media, que comienzan a hacer pequeñas escapadas a la costa. Por otro lado, el avión comienza su desarrollo aunque de forma muy tímida.

El Crac económico de 1929 y el estallido de la Segunda Guerra Mundial paralizan el mundo hasta los años cincuenta, y, con ello, la vida social, económica, y, por supuesto, turística. Es una época de recuperación.

En los años cincuenta comienza la recuperación a todos los niveles. Los avances en tecnologías que se habían utilizado durante la guerra para los transportes, en especial para el avión, comienzan a aplicarse a la aviación civil. En 1957, el avión comienza a superar en número de viajeros al tren y barco para introducir, al año siguiente, el turismo de masas de la mano del Boeing 707.

Entre los años sesenta y setenta comienza el verdadero boom turístico. Se inicia una época de seguridad y paz internacional, esto repercute en el mayor crecimiento a nivel mundial. Por tanto, se comienza a crear legislación para el sector, antes sin regular. El primer paso es la creación de la Organización Mundial de Turismo (OMT). Como la sociedad también evoluciona, se comienzan a crear grandes núcleos urbanos y a regular temas laborales, lo que hace que las personas cada vez sientan más necesidad de escapar de la rutina y relajarse.

El turismo comienza a ser un servicio de masas y esto lleva a que los turoperadores que habían estado desarrollando la actividad estandaricen el producto turístico, aun así, todavía es un sector demasiado nuevo, que tiende a incurrir en errores de planificación.

En la década de los ochenta se buscan nuevas formas de tiempo libre debido a la ampliación de servicios. El turista ya comienza a tener experiencia y las empresas de turismo son cada vez más numerosas. La competencia y la aplicación de las técnicas de marketing suponen una transformación en el sector y sus productos. En el 87 se inicia el proceso de liberación del transporte aéreo, lo que da lugar a la aparición de más compañías y precios más competitivos y asequibles.

La década de los noventa incluye la caída de los regímenes comunistas europeos, la Guerra del Golfo, la caída del Muro de Berlín, las guerras yugoslavas, etc., que inciden de forma directa en la historia del turismo. Además, aparecen nuevas rutas receptoras como el Caribe, el Pacífico y zonas asiáticas. Con la entrada en vigor del pacto de Schengen se eliminan los controles en frontera de una parte considerable de Europa y se inicia la libre circulación entre los países firmantes.

Con el comienzo del 2000, el atentado del 11 de septiembre de 2001 en EE. UU. causa un gran impacto en el turista. Aumentan las cancelaciones y la gente se resiste a viajar en zonas que consideran inseguras, no obstante, esto supone un aumento de las medidas y controles de seguridad en los medios de transporte. En 2002, la entrada en el euro para 12 países supone más facilidad aún en el flujo de personas por esta zona geográfica. Aun así, el turismo continuó creciendo, si bien es cierto, que la crisis económica mundial de 2009 supuso un registro de descenso en relación al año anterior. La COVID-19 y el distanciamiento social supuso un duro golpe en el sector, de acuerdo al INE, 2020 marcó el peor récord de la historia en cuanto a entrada de turistas (apenas 19 millones) y gasto comparativo con 2019 (83,4 millones de turistas internacionales).

En la actualidad, es un sector que sigue innovando y creciendo. España recibe 7,2 millones de turistas internacionales en abril de 2023, un 18,5 % más que en el mismo mes de 2022. Esta cifra supera también, en un 1,2 %, la del número de turistas recibidos en el mismo mes de 2019. Si la cifra de 2023 se compara con el acumulado de los cuatro primeros meses de 2019, antes de la pandemia, la llegada de turistas se sitúa un 1,9 % por debajo.Los principales países emisores en los cuatro primeros meses de 2023 son Reino Unido (con más de 3,9 millones de turistas y un aumento anual del 31,0 %), Francia (con casi 2,8 millones y un incremento del 29,8 %) y Alemania (con cerca de 2,7 millones de turistas, un 17,7 % más).

1.2. El sistema turístico. Partes o subsistemas

Entendemos como sistema un conjunto de procedimientos que funcionan de forma ordenada para conseguir un objetivo común. Por tanto, el sistema turístico hace referencia al conjunto de recursos, infraestructuras y normas que rige el sector. El objetivo no es otro que conseguir un flujo o corriente de personas hacia un lugar concreto. Cabe destacar que no se trata de elementos que funcionen aislados, sino que tienen una relación estrecha y directa entre todos, y, de esta forma, también se relacionan con su macroentorno.

Las partes que conforman este sistema son:

• Los turistas: sujetos principales de la actividad. Son los demandantes de la actividad.

- Los recursos geográficos disponibles. El producto principal que mueve el sistema.

- Las infraestructuras: rango de empresas que prestan servicios. Junto con el anterior conforman la oferta.

El mercado turístico está en constante desarrollo y adaptación conforme las diferentes épocas sociales que el mundo va viviendo. Comprendemos el concepto de mercado como un sistema en el que conviven la oferta y la demanda de un sector concreto, en este caso del turismo. Este presenta una serie de características que van a definir la creación de los productos y servicios turísticos:

1. La estacionalidad: es un mercado que sufre desequilibrios a lo largo del año dependiendo del producto. Por ejemplo, la venta de viajes centrados en deportes de nieve, se concentra exclusivamente cuando hay temporada y el resto del año permanece prácticamente inactivo. Por eso, en el siguiente punto se realizará un análisis de la demanda y la oferta en el sector.

2. Ni se almacena, ni se desplaza. El principio fundamental de la logística es que el cliente puede obtener el producto que necesita, cuando lo necesita y donde lo necesita. Lo cierto es que para disfrutar de los productos o servicios turísticos es el cliente quien se tiene que desplazar a la localización donde se encuentre dicho producto. La mayor parte son servicios, por tanto, no se puede almacenar ni generar un *stock* de seguridad.

3. Condicionantes del macroentorno. Entendemos como macroentorno todos los factores no controlables por un sector que inciden directamente en su actividad. El turismo se ve fuertemente condicionado por estos, la actividad puede variar enormemente debido a circunstancias políticas, económicas, sociales, etc. Por ejemplo, Egipto, a pesar de tener uno de los patrimonios más admirados del mundo, se ha visto minorado por las revueltas y sensación de inseguridad que transmite al público extranjero.

4. Es una actividad que necesita más recursos humanos que materiales. La mayor parte de las interacciones son cara a cara y se hace indispensable para el disfrute del usuario la buena experiencia en el trato.

1.3. La demanda turística. Tipos de demanda turística. Factores que determinan la demanda turística individual y agregada

Simón Andrade, autor de *Diccionario de economía, finanzas y contabilidad,* define *demanda* como «la cantidad de bienes o servicios que el comprador o consumidor está dispuesto a adquirir a un precio dado y en un lugar establecido, con cuyo uso pueda satisfacer parcial o totalmente sus necesidades particulares o pueda tener acceso a su utilidad intrínseca».

En resumidas cuentas, se trata de lo que las personas (que dentro del mercado somos consumidores reales o potenciales) necesitamos o deseamos. En relación al sector del turismo, podemos comprender la demanda turística como el conjunto de productos o servicios turísticos que se han adquirido o se tiene pensado adquirir en un destino o varios destinos por diferentes motivos.

La demanda turística puede hacer referencia a tres bloques de datos o contextos diferentes que conviene diferenciar adecuadamente para saber a qué nos referimos:

- Si la demanda es real (se han consumido esos productos o servicios) o potencial (se espera que se consuman esos productos o servicios).

- Cuando hace referencia a cantidades reales o previstas. Se habla de productos o servicios turísticos, y las cantidades vendrán expresadas en unidades. Por ejemplo, si se quiere analizar en el Instituto Nacional de Estadística la ocupación hotelera de enero 2014 en hoteles de cinco estrellas, el dato que nos aparece es el porcentaje de ocupación según el número de pernoctaciones: 45,54 %.

- Cuando hace referencia a la cantidad de personas que consumen ese producto o bien. Por ejemplo, el número de viajeros alemanes que en 2014 se alojaron en hoteles de cinco estrellas: 439 814 personas.

En líneas generales, cuando analizamos la demanda turística solemos hacer hincapié en el número de turistas más que en los propios productos o servicios. Se puede clasificar en varios tipos:

- Turismo internacional: consumidores que viajan por el mundo, cuyo análisis realiza la Organización Mundial de Turismo (OMT).

- Turismo nacional: consumidores que viajan dentro de un país de referencia. En el caso de España, recoge datos el Instituto de Estudios Turísticos (IET).

- Turismo emisor: flujo de viajes fuera de las fronteras.

- Turismo receptor: flujo de viajeros que visitan un país determinado. Recoge datos el Instituto de Estudios Turísticos (IET).

La demanda turística actual se considera elástica, eso quiere decir que es sensible al precio y sus variaciones. Como se ha reflejado en puntos anteriores, al tratarse de un sector estacional, se puede afirmar que va a responder a la conducta de los viajeros y de la época social que se esté viviendo en líneas generales. No obstante, conviene señalar que existen unos patrones o factores que determinan la demanda turística según lugar y destino:

- Factores en lugar de origen

  — Nivel del renta disponible: la OMT (1998) lo define como: «cantidad de dinero disponible por el consumidor para gastar en bienes y servicios de ocio, como el turismo, tras haber pagado sus necesidades básicas».

  — Nivel educativo: el grado de aprendizaje y enseñanzas que alcanza una persona a lo largo de su vida.

  — Estructura política: ligado a la estabilidad de un país de cara a su sistema de gobierno.

  — Políticas fiscales y económicas.

  — Vacaciones: los calendarios laborales, escolares, de festivos, etc., van a determinar en gran medida los descansos.

  — Modas: las tendencias actuales que existan en el país. Por ejemplo, en España, los festivales de música, como el FIB.

- Factores en destino

  — Recursos: todo aquello que sea reseñable y atractivo para los consumidores: playas, monumentos, fiestas, etc.

  — Economía y precios: el nivel económico o precios que se manejen en el país.

  — Estructura política: al igual que el lugar de origen, el sistema de gobierno y estabilidad es un factor clave.

  — Promoción y publicidad: todas las acciones que cree el destino para dar a conocer sus atractivos y generar necesidad de consumo en la población.

Para que un viaje esté considerado como turístico no puede implicar que el viajero vaya a ejercer una actividad remunerada sino que surja de una motivación. En el primer punto, se ha hablado sobre cómo las motivaciones o razones de viaje son claves a la hora de analizar la demanda. Estas motivaciones no son excluyentes, es decir, que es normal que un viajero elija un destino por diversas razones y las empresas turísticas necesitan conocer esas motivaciones. La OMT realizó una clasificación de las razones que llevan a una persona a realizar un viaje, tal y como se vio en el primer punto:

- Motivos personales.

- Visitas a familia o amigos.

- Vacaciones y descansos.
- Motivos de salud.
- Motivos religiosos.
- Motivos profesionales.
- Compras.
- Tránsito.

En la encuesta de turismo de residentes (ETR/Familitur) que se realiza en el cuarto trimestre de 2022 arroja que el número de viajeros aumenta y se sitúa en 37,9 millones. Los datos respecto a las pernoctaciones según el motivo de viaje las podemos encontrar recogidas en la siguiente tabla:

Tabla 1. Basado es estudio de Familitur 2022			
	Datos trimestrales		
VIAJES DE LOS RESIDENTES EN ESPAÑA	**Pernoctaciones**	**%**	**Variación anual**
TOTAL	126 303 148	100	7,1
SEGÚN MOTIVO PRINCIPAL			
Ocio, recreo o vacaciones	55 458 142	43,9	13,2
Visita a familiares o amigos	48 128 985	38,1	9,2
Trabajo/negocios	15 040 091	11,9	3,4
Otros motivos	7 675 930	6,1	-25,3

Como podemos observar en este análisis preliminar, el motivo principal que lleva a los viajeros al desplazamiento es la visita a parientes o amigos y en segundo lugar, el ocio. Es fundamental para las empresas tener estas informaciones actualizadas, ya que les interesa identificar las tipologías de consumidores que existen, y, de cada una de ellas, extraer la mayor información posible. Agrupar a los consumidores turísticos es una tarea complicada, ya que, como se ha explicado en puntos anteriores, suelen simultanear tareas o no presentan comportamientos similares. De forma generalizada, se extrae la siguiente clasificación:

TIPO DE CLIENTE	CARACTERÍSTICAS
Familias	Este tipo de cliente suele buscar destinos que ofrezcan actividades aptas para cualquier miembro. Por ello, suelen buscar viajes muy organizados, tipo paquete. La característica más importante es la seguridad y calidad de los servicios. No son muy innovadores en cuanto a la selección del lugar, sino que suelen optar por sitios conocidos de los que tengan referencia. Suelen ser estancias prologadas. Es conveniente hacer un inciso respecto a los matrimonios recién casados. Este tipo de familia busca destinos más exóticos.
Singles	Se engloban los solteros, viudos, separados. Personas que deciden viajar de forma independiente, bien porque les gusta o bien porque optan por destinos donde conocer a otras personas que compartan sus intereses y aficiones.
Tercera edad	Buscan ante todo comodidad y seguridad. Esta tipología de clientes viaja fuera de temporada común con programas sociales como puede ser el IMSERSO. La motivación suele ser cultural.
Mochileros	El cliente de bajo poder adquisitivo e independiente que posee mucho tiempo libre. Suele estar ligado al colectivo de los estudiantes. Buscan destinos con gran oferta cultural y actividades para aumentar su experiencia vital.
Turismo de lujo	Debido al alto poder adquisitivo valoran los servicios de tipo exclusivo, así como la privacidad de los mismos. Buscan actividades alejadas del turismo tradicional de masas.
Turismo accesible	Suelen viajar acompañados. Valoran servicios que cuenten con profesionales y medios adaptados y especializados. El gasto suele ser superior al turismo medio.
Turismo de negocios	Suelen ser clientes de alto poder adquisitivo que viajan con mucha frecuencia, por lo que buscan servicios de calidad superior. Los destinos suelen ser las grandes ciudades.

1.4. La oferta turística. Componentes de la oferta turística

El término *oferta,* para la economía, está constituido por el conjunto de bienes y servicios que se ofrecen en el mercado en un momento determinado y con un precio concreto, por lo que la oferta turística, siguiendo esta definición, hace referencia a los servicios prestados o susceptibles de ser prestados, así como los productos turísticos que existen dentro del mercado turísticos.

Existen dos tipos de oferta turística: la oferta turística básica y la oferta turística complementaria. La oferta turística básica está compuesta por aquellos bienes y servicios de carácter exclusivamente turístico (agencias de viajes, alojamiento, transportes, etc.).

La oferta turística complementaria está compuesta por aquellos bienes que son únicamente turísticos, pero que, aun así, los demandan los turistas y complementan el producto turístico final (restauración, deportes, ocio, comercio, etc.).

a) Empresas turísticas

Son todas aquellas que prestan servicio al turista. Podemos encontrar:

- Alojamiento:
    — Hoteles.

    — Apartamentos.

    — Pensiones.

    — Alojamientos rurales.

    — Campings.

    — Albergues.

    — Ciudades de vacaciones.

    — Otros.

- Intermediación:
    — Agencias de viajes.

    — Centrales de reservas.

- Transporte:
    — Aéreo.

    — Ferrocarril.

    — Acuático.

    — Por carretera.

- Restauración:
    — Restaurantes.

    — Bares.

    — Cafeterías.

    — Pubs.

- — Discotecas.
- — Otros.
- Información:
  - — Oficinas de turismo.
  - — Centros de interpretación.
  - — Guías.
- Ocio y tiempo libre:
  - — Aventura.
  - — Parques temáticos.
  - — Espectáculos.
  - — Animación.
- Organización de eventos:
  - — OPC (organización profesional de congresos).
  - — Agencias especializadas en eventos y relaciones públicas.
  - — Palacios de congresos.

b) Recursos turísticos

Representan todos los atractivos de los que dispone el destino turístico. Podemos encontrar:

- Naturales.
- Históricos.
- Artísticos.
- Patrimoniales.
- Folclore.
- Centros científicos.
- Centros técnicos.
- Centros industriales.
- Eventos.

c) Infraestructuras

Hacen referencia a todos aquellos componentes de tipo físico (sean públicos o privados) que son necesarios para el desarrollo de la actividad. Pueden ser:

- Culturales, deportivas y de ocio.
- Señales informativas.
- Seguridad y protección.
- Comunicación.
- Suministros.
- Sanidad.

1.5. Evolución histórica del turismo. Situación y tendencias

El turismo incide de manera directa en la creación de leyes para regular la entrada y salida de personas en los países. Cualquier flujo de migración necesita un control exhaustivo para evitar problemas como pueden ser: de seguridad (entrada de personas peligrosas o buscadas por la ley), sanitarios (enfermedades) o fiscales (entrada de productos para su venta) y más aún, si cabe, después de la experiencia de la COVID-19 que influyó notablemente en la forma en la que nos relacionamos con el turismo.

Respecto a las tendencias que atraviesa el mercado turístico, nos encontramos un estudio realizado por Hosteltur referente a 2023, que sitúa los ejes de la actividad, y, en resumen, se extrae que el sector vuelve a crecer, pero con cambios profundos:

La era de los «viajes revancha»

Sin duda alguna, la pandemia ha sido sinónimo de enseñanza para el viajero habitual y ocasional. Hotelbeds afirma que aunque 2023 ha sido una época de aumento de inflación «la gente está deseando viajar». La COVID-19 ha marcado el concepto de «que no hay que esperar» y se prevé un aumento en reservas de un 30 % en los próximos 12 meses.

Redes sociales y tecnología. Viaje conectado

La oferta de productos y servicios susceptibles de compartirse en internet, para mostrar a amigos y conocidos dónde están y qué están haciendo. Los nuevos consumidores tienen cada vez menos tiempo y desean que las nuevas tecnologías se conviertan una ventanilla única para todas las necesidades que puedan surgir antes, durante y después de un viaje: reservas, entradas, billetes.

En línea con el anterior punto, los hoteles buscarán una mayor digitalización para hacerse más eficientes en las operaciones del día a día con los viajeros. La importancia de acceder a datos en tiempo real radica en la productividad, y en que estos sepan si deben aumentar o disminuir su plantilla, ampliar su carta de productos, etc. Acciones como los códigos QR en los menús, los *check in online,* llaves de habitaciones en el móvil no solo suponen un triunfo para la eficiencia de los hoteles, sino que además representan una reducción del uso de papel con su consiguiente respeto por el medio ambiente (aumento de viajes sostenibles).

Combinar negocios y ocio

Otra de las herencias que nos ha dejado la pandemia es el trabajo híbrido o en remoto. Esta modalidad ha llegado para quedarse en muchas compañías ya que permite poder desarrollar las tareas desde donde el usuario quiera. Uno de los primeros destinos en ofrecer la posibilidad de quedarse un año para teletrabajar fue Barbados, y en España pudimos observar cómo muchos alojamientos rurales ofrecen la posibilidad de estancias largas acomodadas a jornadas laborales. La ventaja, sin duda, es que el viajero podrá combinar ocio con placer.

Mejora de la experiencia al cliente

Los viajeros continuarán buscando una experiencia cada vez más personalizada e individualizada, huyendo del factor precio. Hotelbeds asegura que los «los consumidores conceden gran importancia a la calidad de los servicios y las experiencias y están dispuestos a pagar más» a las empresas que les ofrecen un enfoque centrado en ellos.

1.6. Análisis de la oferta y comportamiento de la demanda turística española: destinos y productos asociados

Tal y como se ha comentado en puntos anteriores, la Encuesta de Turismo de Residentes (ETR/FAMILITUR) analizó en el cuarto trimestre de 2022 y arrojó que los residentes en España realizan 37,9 millones de viajes en el cuarto trimestre de 2022, un 4,2 % más que en el mismo periodo de 2021. El 89,3 % de los viajes tienen como destino principal el territorio nacional, con un incremento del 0,9 % respecto al cuarto trimestre del año anterior. Por su parte, los viajes al extranjero, que representan el 10,7 % del total, aumentan un 44,5 %.

En el mes de octubre se realizaron 13,3 millones de viajes, en noviembre 11,0 millones y en diciembre 13,5 millones. Los viajes realizados tienen una duración media de 3,4 pernoctaciones en octubre, 3,0 en noviembre y 3,5 en diciembre. Diciembre es el mes con menor porcentaje de viajes dentro de la comunidad autónoma de residencia (42,0 %, frente al 42,9 % de octubre y el 45,4 % de noviembre). Sin embargo, es el mes con mayor porcentaje de viajes al extranjero (12,3 %).

Viajes según el motivo, alojamiento y transporte principal

Los viajes de ocio, recreo y vacaciones, que son el motivo principal del 43,5 % de los viajes, crecen un 6,5 %. Los viajes de visitas a familiares o amigos, que representan el 40,4 % del total, registran un incremento anual del 4,5 %. Los viajes de negocios y otros motivos profesionales aumentan un 9,7 %, mientras que los realizados por otros motivos disminuyen un 18,9 %. El principal motivo para viajar dentro de España durante el cuarto trimestre es visitar a familiares o amigos (42,6 %). Por su parte, la mayor parte de los viajes al extranjero se realiza por motivos de ocio (58,3 %). Cuando nos referimos a «otros motivos» incluímos: turismo de compras, por motivos de educación, religiosos o de salud.

En el 44,3 % de los viajes con destino interno los residentes se alojan en vivienda de familiares o amigos, un 4,5 % más que en el cuarto trimestre de 2021. En los viajes al extranjero, el alojamiento de mercado es la opción preferida (73,5 % de los viajes). Este tipo de alojamiento registra una subida anual del 42,4 %.

En cuanto al principal tipo de transporte utilizado, el vehículo propio concentra el 79,2 % de los viajes con destino interno, un 1,6 % menos que en el mismo trimestre de 2021. En el 69,6 % de los viajes al extranjero se usa el transporte aéreo, con un incremento del 60,2 %.

Principales destinos y orígenes de los viajeros

Las principales comunidades autónomas de destino de los viajes de los residentes son Andalucía (15,6 % del total), Cataluña (12,8 %) y Castilla y León (9,6 %). Si se relacionan los viajes internos de los residentes con la población de destino, el quetiene más intensidad es Castilla y León (con 1489 viajes por cada 1000 habitantes), Aragón (1375) y Castilla-La Mancha (1302).

Los viajes realizados por los residentes en la Comunidad de Madrid suponen el 16,5 % del total en el cuarto trimestre. Por detrás se sitúan Cataluña (16,3 %) y Andalucía (15,2 %). Los más viajeros provienen de La Rioja (1075 viajes por cada 1000 habitantes), Comunidad Foral de Navarra (1007) y Aragón (989). Por el contrario, los menos viajeros son los residentes en Región de Murcia (587 viajes por cada 1000 habitantes), Extremadura (612) y Andalucía (670).

Principales gastos en los viajes

El gasto total de los viajes del cuarto trimestre alcanza los 10 563,2 millones de euros, lo que supone un aumento del 29,8 % respecto al mismo periodo de 2021. Aquellos con destino nacional se incrementan en un 12,2 % y en los realizados al extranjero un 83,1 %. El gasto medio diario se sitúa en 69 euros en los viajes con destino interno y en 141 euros en los realizados al extranjero.

El gasto en bares y restaurantes representa el mayor porcentaje del gasto total (25,5 %), crece un 15,2 % respecto al cuarto trimestre de 2021; seguido por el gasto en transporte (24,4 %), creciendo respecto a 2021 un 15,3 %.

En los viajes al extranjero, el gasto en transporte supone el 31,6 % del total, con un incremento anual del 86,5 %.

1.7. Análisis de la oferta y comportamiento de la demanda internacional: destinos relevantes y productos asociados

Para analizar el comportamiento de la demanda y de la oferta internacional, es preciso recurrir a la Organización Mundial del Turismo. El año 2022 comenzaba en positivo, de forma cautelosa, tras dos años de restricciones debido a la pandemia que afectó a todo el mundo y si se compara con los datos arrojados en 2021. Las llegadas de turistas internacionales en todo el mundo aumentaron más del doble (+130 %) en enero de 2022 comparado con el año anterior; los 18 millones de visitantes más registrados en todo el mundo durante el primer mes de este año igualan al incremento total registrado en todo 2021. Tras el descenso del 71 % experimentado en 2021, las llegadas internacionales en enero 2022 se mantuvieron un 67 % por debajo de los niveles anteriores a la pandemia.

De esta forma, todas las zonas experimentaron un repunte en relación al año anterior: Europa (+199 %) y las Américas (+97 %) muestran los mejores resultados, aun así, no alcanzan ni la mitad que experimentaban antes de la COVID-19. Oriente Medio (+89 %) y África (+51 %) crecieron también en enero de 2022 con respecto a 2021, pero repicaron un descenso del 63 % y el 69 %, respectivamente, en comparación con 2019. Aunque Asia y el Pacífico tuvieron un aumento interanual del 44 %, varios destinos permanecieron cerrados a los viajes no esenciales, lo que provocó el mayor descenso de las llegadas internacionales desde 2019 (-93 %).

Actualmente, y pese a no tener datos de 2023 por ser año en curso, tenemos que tener en cuenta varios factores:

- La eliminación de restricciones, cuarentenas y barreras por parte de países supondrá un cambio en positivo.

- La guerra en Ucrania se plantea como un obstáculo en la recuperación; el cierre del espacio aéreo, la pérdida de confianza repercutirán de forma negativa.

- La Organización para la Cooperación y el Desarrollo Económico (OCDE) estima que el crecimiento económico podría ser este año más de un 1 % inferior a lo previsto anteriormente, mientras que la inflación, ya elevada a principios de año, podría aumentar como mínimo un 2,5 %.

- La OMT señala que la reciente subida de los precios del petróleo y el aumento de la inflación están encareciendo los servicios de alojamiento y transporte, lo que añade presión adicional sobre las empresas, el poder adquisitivo de los consumidores y el ahorro.

El tablero de datos turísticos de la OMT proporciona estadísticas y análisis sobre los indicadores clave del turismo receptor y emisor a escala mundial, regional y nacional. Los datos cubren las llegadas, la cuota de exportaciones y la contribución al PIB del turismo, los mercados emisores, la estacionalidad y el alojamiento. Se puede consultar la información en su página web www.unwto.org.

AUTOEVALUACIÓN

1.1. La OMT describe el concepto de turismo como:

    a) La actividad que realizan las personas (solas o en grupo) en lugares diferentes al suyo habitual durante un periodo consecutivo inferior a un año por motivos no remunerados.

    b) La actividad que realizan las personas (solas o en grupo) en lugares similares al suyo habitual durante un periodo consecutivo inferior a un año por motivos no remunerados.

    c) La actividad que realizan las personas en grupo por lugares diferentes al suyo habitual durante un periodo consecutivo inferior a un año por motivos no remunerados.

    d) La actividad que realizan las personas de forma individual en lugares diferentes al suyo habitual durante un periodo consecutivo inferior a un año por motivos no remunerados.

1.2. En los años ___ comienza el verdadero boom turístico. Empieza una época de seguridad y paz internacional, esto repercute en el mayor crecimiento a nivel mundial.

    a) Años 20.

    b) Años 40.

    c) Años 60.

    d) Años 80.

1.3. ¿Cuál es aquel tipo de turismo en el que los residentes viajan dentro de su entorno de referencia?

    a) Emisor.

    b) Interno.

    c) Receptor.

    d) Externo.

1.4. Un visitante de día sin pernoctación se considera:

    a) Turista.

    b) Viajero.

c) Excursionista.

d) Visitante.

1.5. ¿Qué partes conforman el sistema turístico?

a) Turistas, recursos geográficos e infraestructuras.

b) Turistas y recursos geográficos.

c) Recursos geográficos e infraestructuras.

d) Turistas e infraestructuras.

1.6. La demanda turística actual se considera elástica, eso quiere decir que es sensible al precio y sus variaciones. Esto es:

a) Verdadero.

b) Falso.

1.7. Los_____son consumidores jóvenes que quieren contar con el consejo de un experto profesional a la hora de viajar.

a) *Baby Boomers.*

b) Generación X.

c) Generación Y.

d) *Millenials.*

1.8. Según los últimos estudios reflejados por la OMT, el motivo principal del turismo es:

a) Ocio y tiempo libre.

b) Visitas a familiares y amigos.

c) Obligaciones profesionales.

d) Motivos religiosos.

1.9. Según los últimos estudios reflejados por la OMT, el principal medio de transporte utilizado por los viajeros es:

a) Aéreo.

b) Fluvial.

c) Marítimo.

d) Carretera.

1.10. Según los últimos estudios reflejados por la OMT, el principal medio de alojamiento utilizado por los viajeros es:

a) Establecimientos hoteleros.

b) Establecimientos extrahoteleros.

c) Ninguna de las anteriores, pues la pernoctación se redujo en relación al año anterior.

d) Alojamientos rurales.

1.11. ¿Cuál de los siguientes NO es considerado un recurso turístico?

a) El folclore.

b) La gastronomía.

c) Los monumentos.

d) Los albergues rurales.

1.12. El cliente de bajo poder adquisitivo e independiente que posee mucho tiempo libre. Suele estar ligado al colectivo de los estudiantes. Buscan destinos con gran oferta cultural y actividades para aumentar su experiencia vital. Es:

a) Tercera edad.

b) *Singles.*

c) Mochileros.

d) LGTBIQ+.

1.13. Suelen viajar acompañados. Valoran servicios que cuenten con profesio nales y medios adaptados y especializados. El gasto suele ser superior al turismo medio.

a) Turismo de lujo.

b) Turismo accesible.

c) Turismo de negocios.

d) Ninguna de las anteriores.

1.14. Hace referencia a los servicios prestados o susceptibles de ser presta- dos, así como a los productos turísticos que existen dentro del mercado turístico.

a) Oferta turística.

b) Demanda turística.

c) Monopolio turístico.

d) Oligopolio turísticos.

1.15. El factor económico y los precios que se manejan en el mercado son un factor a tener en cuenta en:

a) Origen.

b) Destino.

c) Ambos.

d) Ninguno es relevante.

2. El alojamiento como componente del producto turístico

Contenido

Las empresas de alojamiento turístico son aquellas que se dedican de manera habitual y profesional a prestar hospedaje a un determinado precio a personas que lo demandan, con o sin servicios complementarios. Por ejemplo, un hotel.

Los establecimientos de alojamiento estarán dotados de las instalaciones y servicios mínimos que, reglamentariamente, estén determinados para cada tipo, grupo, modalidad y categoría, identificándose mediante los símbolos y en los términos que estén establecidos para cada uno de ellos, en atención a la oferta de dichas instalaciones y servicios.

Para hablar propiamente de alojamiento turístico, se debe dar una serie de características:

- Que presten alojamiento.

- Que reciban contraprestación económica.

- Que puedan ofertar, o no, servicio de manutención.

- Que estén clasificados y categorizados de acuerdo a unos criterios.

- Accesibilidad: serán de tipo público obedeciendo a razones de no discriminación por raza, sexo o circunstancias de opinión y personales.

Entendemos por servicios complementarios todos aquellos distintos al de alojamiento, como puede ser: servicio de lavandería, alquiler de salas, etc.

Uno de los problemas que existe hoy en día para tratar el tema del turismo es la multitud de normas que nos podemos encontrar para su regulación, esto es debido a que cada comunidad autónoma posee autonomía para legislar en su ámbito geográfico.

2.1. La hostelería. Los establecimientos de alojamiento. Clasificaciones y características

En primer lugar, es conveniente resaltar la diferencia que existen entre alojamientos hoteleros (hoteles, hostales y pensiones) y extrahoteleros (campings, alojamientos rurales, apartamentos turísticos, etc.). Este tipo de clasificación no es común a todos los autores. Esto es debido, como se ha mencionado en el punto anterior, a la diversidad legislativa que hay en materia de turismo en España. Las comunidades autónomas poseen potestad para legislar los tipos de empresa que operan en sus territorios.

De forma general, podemos decir que todas las comunidades autónomas incluyen en sus reglamentos: establecimientos hoteleros, apartamentos turísticos, campings y alojamientos rurales. Además, se recogen otras modalidades de régimen de aprovechamiento en turnos, como balnearios, ciudades de vacaciones o albergues, pero, ¡ojo!, pueden denominarse de forma diferente según la comunidad.

Los establecimientos hoteleros

Son las empresas dedicadas a prestar el servicio de alojamiento, mediante precio, de forma habitual y profesional, con o sin servicios complementarios. A pesar de que, como se menciona en el punto anterior, cada comunidad autónoma tiene la potestad para legislar en materia turística, los establecimientos hoteleros suelen clasificarse según grupos y categorías a nivel general.

- Grupos
  - Hoteles:

    Establecimientos que ofrecen alojamiento, con o sin comedor, y con servicios complementarios. Ocupan la totalidad de un edificio o una parte del mismo que está independizada. Posee accesos homogéneos y exclusivos, además de cumplir con los requerimientos de la normativa en materia de calidad.

  - Hoteles apartamento:

    Son aquellos que cumplen con los requisitos de un hotel y, además, deben tener infraestructura para la elaboración y conservación de alimentos dentro de cada una de las unidades de alojamiento. Estos departamentos deben estar dotados como mínimo de dormitorio, cocina, salón y baño.

  - Hostales:

    Establecimientos que ofrecen alojamiento, con o sin comedor, y con servicios complementarios que por sus características de dimensión e infraestructura no pueden ser considerados hoteles. Normalmente, la principal razón es que no suele ocupar un edificio autónomo y que los servicios extra no son los requeridos.

  - Pensiones:

    Establecimientos que ofrecen alojamiento, con o sin comedor, y con servicios complementarios que por sus características de dimensión e infraestructura no pueden ser considerados hostales. La diferencia principal con los anteriores suele venir regido por los servicios que ofrecen.

- Categorías

  Hace referencia al nivel de confort, calidad, instalaciones y servicios que prestan. Para este tipo de alojamientos suele utilizarse la simbología de las estrellas.

★★★★★	De lujo (diseño y servicio de muy alta calidad).
★★★★	Muy bueno (diseño y servicio de alta calidad).
★★★	Bueno
★★	Superior.
★	Normal.

El calificativo «gran lujo» solo podrá usarse en los hoteles clasificados en la categoría de cinco estrellas y declarados con tal carácter por la Consejería de Turismo y Deporte cuando reúnan condiciones excepcionales en sus instalaciones, equipamientos y servicios.

Figura 2.1. Distintivo Hotel apartamento de tres estrellas.

Además de estas clasificaciones, nos podemos encontrar, según la comunidad autónoma, otro modo de etiquetar hoteles de forma complementaria, según la especialidad o modalidad. Aquí entraría, por ejemplo: hotel de playa, hotel gastronómico, familiar, etc.

Todos los establecimientos están obligados a incluir a la entrada una identificación del grupo y categoría de alojamiento al que pertenece.

Apartamentos turísticos

Son hospedajes en bloque, conjunto de villas, chalés, bungalós y similares que son ofrecidos empresarialmente en régimen de alquiler. Habitualmente están dotados del mobiliario necesario, de las instalaciones, de los servicios y del equipo adecuado para su inmediata ocupación por vacaciones o turismo.

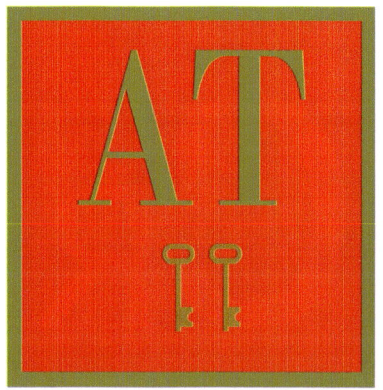

La clasificación en este apartado es complicada de realizar a nivel general, debido a la regulación que tiene cada una de las comunidades autónomas en su haber, la única vigente en la actualidad.

En líneas generales, podemos diferenciar entre bloque y conjunto. Ambos hacen referencia a

Figura 2.2. Distintivo Apartamento turístico.

establecimientos integrados por tres o más unidades. En el primer caso, deben ocupar la totalidad o parte independiente de una infraestructura y, en el segundo caso, coexistir en un mismo complejo de edificaciones.

Su clasificación, en la mayor parte de los casos, está determinada por el símbolo de la llave, que tiene cuatro categorías, siendo cuatro identificador de lujo.

Alojamientos rurales

Al igual que en las clasificaciones anteriores, siempre se debe tener en cuenta la normativa que dicta cada una de las comunidades autónomas. A nivel general, consideramos que los alojamientos rurales son servicios de alojamiento, con o sin servicio de comidas, cuyas características estructurales sean propias de la zona en la que se ubiquen. Además, contemplan aquellos lugares donde se desarrollen actividades agrarias, ganaderas, de pesca o forestales y alejadas de zonas industriales. La mayor parte de las comunidades tienen la siguiente clasificación de alojamientos rurales:

- Casas rurales

  Viviendas independientes que no superan un máximo de capacidad. De media, en torno a 18 a 20 personas. Pueden ser en régimen compartido (alquiler de habitaciones) o no compartido (alquiler completo de la casa).

- Apartamentos turísticos rurales

  Unidades de alojamiento integradas en edificios de uso exclusivo con instalaciones para la conservación y elaboración de alimentos. Suelen tener una serie de requisitos a cumplir, los más importantes son:

  — Comprender una sola edificación.

  — Adecuarse a las características constructivas de la zona.

- Hoteles rurales

  Son alojamientos comerciales abiertos al público que prestan alojamiento de forma habitual y profesional mediante precio. Pueden tener o no servicios complementarios.

Figura 2.3. Distintivo casa rural.

Campings

Es el espacio de terreno que está correcta y debidamente delimitado, dotado y acondicionado para su ocupación temporal por parte de usuarios. Tiene capacidad para más de diez personas que pretendan hacer vida al aire libre, con fines vacacionales o turísticos y utilizando como residencia albergues móviles como: tiendas de campaña, caravanas u otros elementos que tenga facilidad de montaje y desmontaje y sean transportables.

Están regulados en la mayor parte de comunidades autónomas según cuatro categorías. Su distintivo se señala mediante una «L», «1ª», «2ª», «3ª». En algunos sitios, este distintivo va acompañado de estrellas, como es el caso de Andalucía, o bien de tiendas de campaña, como en Asturias.

Figura 2.4. Distintivo Camping Galicia.

Otros

Los mencionados anteriormente son los más comunes de acuerdo a la demanda turística. En esta clasificación podemos ver otra serie de alojamientos que nos podemos encontrar. Su definición (o existencia) depende de la comunidad autónoma y, en ocasiones, podemos encontrarnos poco desarrollo legislativo.

• Albergues:

   Son empresas que ofrecen, mediante precio, alojamiento en habitaciones de capacidad múltiple. No se encuentran regulados en todas las comunidades autónomas.

• Balnearios:

   Son complejos turísticos que disponen de alojamiento y servicio de aguas que por sus características tienen fines terapéuticos.

- Ciudades de vacaciones:

  Son establecimientos de alojamiento que permiten por sus características el disfrute de actividades al aire libre.

- Viviendas de vacaciones.

  Son establecimientos turísticos de tipo unifamiliar aisalado. Disponen de un número limitado de plazas y todos los servicios para la vida diaria.

2.2. Relaciones entre las empresas de alojamiento y las agencias de viajes y turoperadores

Las agencias de viajes son empresas titulares para la organización y gestión de viajes combinados, atendidas por profesionales en la materia y previamente autorizada. Se constituyen en régimen de sociedad mercantil, el permiso o licencia lo otorga la comunidad autónoma.

Es importante señalar que las agencias pueden tener una función emisora, cuando envían viajeros a una zona determinada, o bien receptora, cuando son los encargados de suministrar apoyo a los viajeros que llegan a la zona.

Como se menciona anteriormente, el turismo es una disciplina que ha ido evolucionando hasta convertirse en un agente económico importante, por tanto, es bastante común que, hoy en día, nos encontremos agencias que estén especializadas en un producto turístico o cliente concreto, por ejemplo, en turismo de negocios o de aventura.

Entre las actividades que pueden realizar las agencias nos encontramos con:

- Venta y reserva de billetes en medios de transporte.
- Venta y reserva de plazas de alojamientos.
- Venta y reserva de actividades turísticas que complementen servicios anteriores.
- Formalización de seguros derivados de los puntos anteriores.

Los turoperadores, o también conocidos como operadores de turismo, son mayoristas de viajes que reúnen todos los elementos para componer paquetes de viajes que luego venden a puntos de venta minoristas. En el sector turístico, este término y el de *agencia mayorista* se utilizan indistintamente, dado que la legislación española no recoge la figura de turoperador, sino que define la de agencia minorista, agencia mayorista y agencia minorista-mayorista. Su surgimiento está estrechamente ligado al de las aerolíneas y se puede decir que son el corazón de la distribución turística por su papel como «fabricadores» de viajes.

Por otro lado, las centrales de reservas son empresas que facilitan la comercialización turística. Están especializadas en hacer las reservas de todos los asociados a cada central a través de una base de datos que contiene las plazas, actualizadas en tiempo real de todas las empresas que estén asociadas. No venden a clientes finales, sino que actúan como una gran base de datos de empresas turísticas. A diferencia de las primeras, estas no pueden organizar viajes combinados ni pueden recibir compensaciones económicas de los clientes finales.

¿Cómo se relacionan estos agentes con el producto de alojamiento turístico?

Las nuevas tecnologías permiten a las empresas e instituciones turísticas acceder y manejar la información no solo de forma más rápida, sino también actualizada, a un menor coste. Esto permite la prestación de servicios de forma más eficaz.

Un sistema global de distribución (GDS) es un sistema que permite el contacto entre proveedores de servicios de turismo (aerolíneas, líneas ferroviarias, marítimas, hoteles, etc.) con las agencias de viajes que venden al consumidor final. Una vez que están conectados al sistema, pueden realizar consultas a tiempo real y tramitaciones de todo tipo, como se ha comentado en el punto anterior. Existen diversos programas que las agencias pueden utilizar, como por ejemplo, *Savia Amadeus.*

Fundamentalmente, esta relación se sostiene bajo dos pilares:

- Primero, las agencias funcionan como intermediarias de los establecimientos de alojamiento y perciben por ello una comisión.
- Segundo, llegan a acuerdos especiales para incluir sus servicios dentro de paquetes y ofertas.

¿Qué problemas puede encontrar esta relación?

- El *overbooking:* para poder cubrir lo que se conoce como *no show* (no ha aparecido), es decir, que el cliente no se presenta en el hotel y este pierde la plaza, los establecimientos doblan la venta de alguna de sus plazas. Aun así, el hotel está obligado a proporcionar a los clientes un establecimiento de las mismas características.

- En relación a lo anterior, nos encontramos con el prepago. Los establecimientos suelen pedir un adelanto en concepto de reserva para garantizar que esa plaza está cubierta durante la primera noche.

- La venta directa a través de portales, en relación al punto anterior, causa que cada vez más clientes se quieran saltar los intermediarios para que les salga más barato.

- La solvencia dudosa de la agencia, u otro tipo de problemas, puede causar que el establecimiento hotelero deniegue los bonos del cliente.

2.3. Principales proveedores de alojamiento

A la hora de contratar un servicio de alojamiento, las agencias de viajes pueden optar por dos modalidades de proveedores: las cadenas hoteleras y las centrales de reservas.

Las cadenas hoteleras son una asociación de alojamientos hoteleros homogéneos en cuanto a su propiedad y gestión, distribuidos geográficamente a lo largo de un territorio, nacional o internacional. Presentan unas características comunes a todos los establecimientos que poseen independientemente de donde estén:

- Imagen e identidad corporativa definida y diferenciada.

- Prestación de productos y servicios homogéneos.

- Unificación en materia de marketing. Tienen posibilidad de realizar acciones comerciales conjuntas, que resulta más barato y mucho más eficaz.

- Permiten realizar formación de sus empleados más fácilmente.

Para las agencias de viajes, contratar servicios con una cadena de alojamientos es un sinónimo de garantía, pues, al fin y al cabo, ofrecen a los clientes una marca asentada que siempre es sinónimo de calidad y seguridad. Por otro lado, los acuerdos comerciales suelen ser más beneficiosos y, al existir homogeneidad, es mucho más sencillo asesorar al cliente sobre los servicios y productos de un alojamiento.

Algunos ejemplos de cadenas hoteleras más importantes a nivel mundial, según un estudio realizado por MKG Group, son:

1. InterContinental Hotels Group (Reino Unido)

   La más grande del mundo según el número de habitaciones. Posee 675 982 habitaciones repartidas entre 4602 hoteles. Sus cadenas más populares son Holiday Inn y Crowne Plaza.

2. Hilton Worlwide (Estados Unidos)

   Cuenta con 652 378 habitaciones y 3992 hoteles repartidos por 91 países de todo el planeta. Sus cadenas más conocidas son Hilton Hotels & Resorts y Hampton Inn.

3. Marriott International (Estados Unidos)

   Disponen de 638 793 habitaciones en 3672 hoteles. Sus principales marcas son Marriott Hotels & Resorts y los exclusivos Ritz-Carlton.

4. Wyndham Hotel Group (Estados Unidos)

   Los primeros en cuanto a número de hoteles, con 7342. Sus cadenas más importantes son Days Inn y Super 8 Motels. Desde 2010 son propietarios de la cadena Tryp, perteneciente hasta entonces a la marca española Sol Meliá.

5. Accor (Francia)

   Desde 2012 todas sus marcas económicas se están fusionando en la familia Ibis, que englobará los Etap, Formule 1, AllSeasons y los propios Ibis.

6. Starwood Hotels & Resorts (Estados Unidos)

   Este grupo fundado en 1969 cuenta con 328 055 habitaciones en 1121 hoteles. Su marca insignia son los hoteles Sheraton.

7. Best Western (Estados Unidos)

   Este grupo, clásico entre las primeras posiciones, dispone de 311 611 habitaciones en 4024 hoteles. Todos sus hoteles, a diferencia del resto, se unen bajo la marca Best Western y siempre son franquiciados.

En España, los ejemplos más reseñables de cadenas hoteleras, algunas de ellas situadas incluso entre las 25 más importantes del mundo, según un estudio realizado en 2012 por Hosteltur, y las más grandes en cuanto a número de habitaciones son:

- Meliá Hotels (77 996).

- NH Hoteles (58 885).

- Riu Hotels (43 081).

- Barceló (37 778).

- Iberostar Hotels & Resorts (30 063).

Las centrales de reserva, por otro lado, son empresas que se dedican a reservar servicios turísticos de cualquier tipo, no solo alojamiento. A diferencia de las agencias de viajes, no reciben contraprestación económica de los clientes finales ni organizan viajes combinados. Su labor es principalmente actuar de intermediario entre agencias y clientes, estando estrechamente relacionadas a prestadores de servicios u asociaciones sectoriales. Algunas de ellas, que funcionan a través de internet son: Booking, Destinia, Atrápalo u Hotels. Puede ocurrir que existan algunas vinculadas a la Administración pública de la comunidad autónoma, como es el caso de visitararagon.es, creada por su gobierno para promover los productos turísticos de dicha comunidad autónoma.

2.4. Tipos de unidades de alojamiento y modalidades de estancia. Tipos de tarifas y condiciones de aplicación. Cadenas hoteleras. Centrales de reservas

Los principales servicios que integran el producto de alojamiento a nivel general son los siguientes:

a) Recepción: se encargan de las entradas y salidas de los clientes, así como de la asignación de habitaciones. Es común que anexo a este exista un servicio de conserjería destinado a transporte de equipajes. Este servicio coordina con el resto de departamentos del alojamiento y es la imagen de cara al público.

b) Pisos: este departamento se encarga del mantenimiento y limpieza de habitaciones, pasillos y zonas comunes.

c) Economato: la logística del hotel que aprovisiona de mercancías a cada uno de los departamentos que lo necesite.

d) Restauración: o cocina, organiza lo relativo a restaurante.

e) Administración: realiza las labores de gestión y contabilidad del alojamiento. En ocasiones puede realizar labores de comercialización de los productos turísticos del hotel.

f) Seguridad: vela por las condiciones de tranquilidad de los huéspedes. Debe mantener en orden el alojamiento.

Existen varios tipos de habitaciones a las que los clientes pueden optar, cada una con unas características determinadas. De modo general, vamos a señalar las más utilizadas con sus correspondientes siglas en el ejercicio de la actividad:

• Individual

   Disponen de una cama y son utilizadas por una sola persona.

   — IND.

— SGL *(Single)*.

— SGLB (*Single* con baño).

- Doble

  Disponen de dos camas individuales o una de matrimonio. La utilizan dos personas. En ocasiones, nos podemos encontrar con el uso de una supletoria (cama o cuna).

  — DOB.

  — TWIN (2 camas).

  — DUS (Doble uso *single*).

  Disponen de dos camas individuales o una de matrimonio. Es utilizada por una persona.

  — DUI (Doble uso individual).

  — DBS (Doble con salón).

  Disponen de dos camas individuales o una de matrimonio y un salón.

- Triple

  Dispone de tres camas o dos camas más una supletoria.

  — TPL.

  — TRP.

- Cuádruple

  Dispone de cuatro camas o dos más dos supletorias.

  — CDR.

- Suite

  Existen dos modalidades, la *suite junior* es la variable más pequeña, es una habitación doble con salón, y la *suite* normal se compone de dos habitaciones dobles y salón. Ambas de categoría superior.

  — STE.

  — SJ.

  — SUIT.

  — S.

Dentro de las modalidades de contratación, nos podemos encontrar los diferentes tipos de regímenes. Estos pueden ser:

- Solo alojamiento:
  - H.
  - HA.
  - SA.
  - BED ONLY.
- Alojamiento y desayuno:
  - HD.
  - AD.
- Media pensión: generalmente consta de desayuno y de cena.
  - MP.
  - DP *(Demi Pension)*.
  - HB *(Half Board)*.
  - HP *(Half Pension)*.
- Pensión completa: desayuno, almuerzo y cena.
  - PC.
  - FP *(Full Pension)*.
  - FB *(Full Board)*.
- Todo incluido: TI. Incluye los servicios de la pensión completa más los especificados según cada uno de los hoteles, estos pueden ser: uso ilimitado del *lobby bar,* cafeterías, piscina, canchas deportivas, restaurantes, bufetes, etc.
- SP: según programa (a consultar con el propio hotel).
- HM: primer día solo alojamiento, segundo día media pensión y el tercero desayuno (esta combinación suele darse en paquetes de nieve o escapadas de fin de semana: viernes a domingo).

Existe una serie de condiciones generales de aplicación respecto al aprovechamiento del alojamiento y que, por supuesto, quedan reservadas a sus condiciones particulares; estas son:

- La entrada o *check in* suele realizarse después de las doce de la mañana así como, la salida o *check out* suele ser a las 12:00. Actualmente, muchos alojamientos ofrecen la posibilidad del *late check out* que supone para el cliente salir más tarde de la hora habitual y suele conllevar un cargo adicional por hora extra.

- Las habitaciones deberán ocuparse por el número de clientes registrados, no por más, así como, los servicios sujetos a disfrute serán los contratados.

Los establecimientos hoteleros fijan sus tarifas en función de:

- El tipo de hotel que es (lujo, medio, hostal, etc.). Varía en función de su categoría.

- Los tipos de habitación: suite, doble, individual.

- Los servicios complementarios que incluye.

- Régimen de alojamiento.

- Edad de los clientes. Suelen ofertar descuentos a los menores de edad.

Al margen de esto, existe una serie de condiciones que suelen aplicar todos los alojamientos en cuestión de tarifas; lo normal es que estas se establezcan por habitación doble. De todas formas, siempre es conveniente que el agente o proveedor conozca las condiciones particulares que establece cada uno de los alojamientos. Habitualmente, nos podemos encontrar:

COLECTIVO	APLICACIÓN DE CONDICIONES
Bebés	Los bebés de 0 a 2 años reciben cuna y servicios de forma gratuita.
Niños	Hasta los 12 años suelen pagar un 50 % de la tarifa normal.
Individuales	Abono de suplemento por el uso en exclusiva de la habitación. Recordemos que los precios se suelen fijar por la doble.
Triples o cuádruples	• Descuento de un 25 % sobre la tercera persona (triple). • Descuento de un 15 % sobre el precio total (cuádruple).
Conductor/guía	• Gratuidad: por cada 20 personas alojadas, habitación gratis para el acompañante del grupo (suelen ser guía o conductor).

Las empresas de intermediación, como son las agencias de viajes o los turoperadores, realizan las reservas de acuerdo a unos criterios de colaboración que establecen con la empresa de alojamiento turístico. Así, nos podemos encontrar los siguientes tipos de relaciones que se pueden dar:

- Las reservas individuales hacen referencia a la prestación por parte del establecimiento de una serie de servicios sueltos como pueden ser: la reserva de una habitación; distintos tipos de regímenes tanto para una como para dos o tres personas (sin llegar a conformar un grupo). Es el proceso de reserva más sencillo, pues la agencia solo ha de conocer el cupo del hotel, las tarifas y efectuar una confirmación.

Las tarifas pueden coincidir con el precio del alojamiento, que se llaman *back rates,* pueden ser concertadas por la propia agencia para el alojamiento *(specialrates)* o bien algunas empresas o instituciones que cierran precios con los alojamientos que se llaman *corporaterates.*

- La reserva de grupo hace referencia a la prestación por parte de la empresa de alojamiento de una serie de servicios para un grupo de personas. El número de servicios aumenta, y con ello los trámites intermedios, así como los descuentos u ofertas por parte del alojamiento.

Para las agencias de viajes, existe una variedad de reserva llamada: *reserva de cupo.* Esta hace referencia a cuando la empresa intermediaria reserva un número de habitaciones del alojamiento para sus procesos de venta. Dependiendo del tipo de alojamiento, pueden existir varios tipos:

- *Back to back:* unos clientes salen y entran otros el mismo día.

- Las series: son reservas en cadena, las fechas de entrada y salida de grupos nunca coinciden.

- FIT/FGT *(Foreing Individual/Group Travel)* o DIT/DGT *(DomesticIndividual/ Group Travel)* implica que las secuencias de entrada y salida de clientes no son regulares. Se utilizan para reservas individuales o de grupos tanto nacionales como internacionales.

Es muy complicada la previsión de plazas. La idea de los cupos es hacer reservas hasta un límite y, a partir de ahí, concertar con el alojamiento las peticiones puntuales, de ahí que las tarifas sean más ventajosas. La agencia cuenta con lo que se denomina *release,* que es un tiempo límite para devolver aquellas plazas no utilizadas sin coste; pasado este tiempo, se incurriría en una penalización económica. Hay alojamientos que dejan las reservas activas hasta una hora concreta; si el cliente no llega antes de la misma, se cancelan.

Respecto a las centrales de reservas, cabe señalar que conectan a clientes con los sistemas globales de distribución (GDS). Esta figura se encarga de ofrecer un canal alternativo en la contratación de servicios de alojamiento y realizan labores de promoción. Su estructura consiste en una base de datos central informatizada que contiene la situación de plazas en tiempo real de todos los establecimientos asociados conectada por terminales de ordenador a las empresas de alojamiento, y, por el otro lado, con conexión a las agencias de viajes. Algunas de las centrales de reserva más reseñables que sirven como ejemplo son Utell, Centrel o Golden Tulip.

AUTOEVALUACIÓN

2.1. Las empresas de alojamiento turístico:

    a) Son aquellas que se dedican de manera habitual y profesional a prestar hospedaje a un determinado precio a personas que lo demandan, con o sin servicios complementarios.

    b) Son aquellas que se dedican de manera esporádica y profesional a prestar hospedaje a un determinado precio a personas que lo demandan, con o sin servicios complementarios.

    c) Son aquellas que se dedican a prestar hospedaje a un determinado precio a personas que lo demandan, con o sin servicios complementarios.

    d) Son aquellas que se dedican de manera habitual y profesional a prestar hospedaje a un determinado precio a personas que lo demandan sin servicios complementarios.

2.2. Implica que las secuencias de entrada y salida de clientes no son regulares. Se utilizan para reservas individuales o de grupos tanto nacionales como internacionales. Estamos hablando del sistema:

    a) *Back to Back.*

    b) Series.

    c) FIT/FGT o DIT/DGT.

    d) DIT/DGT.

2.3. Las tarifas que se conocen como *Corporate Rates* implican:

    a) La empresa cierra unas tarifas de tipo anual con la central de reservas.

    b) La empresa cierra unas tarifas concretas con la agencia.

    c) Son tarifas especiales que se aplican a altos ejecutivos que viajan habitualmente.

    d) Ninguna de las anteriores.

2.4. El régimen __ incluye los servicios de la pensión completa más los especificados según cada uno de los hoteles, estos pueden ser: uso ilimitado del *lobby bar,* cafeterías, piscina, canchas deportivas, restaurantes, bufetes, etc.

    a) *Half Board.*

    b) Todo incluido.

c) SP (según programa).

d) Pensión completa.

2.5. El departamento _____ realiza las labores de gestión y contabilidad del alojamiento. En ocasiones, puede realizar labores de comercialización de los productos turísticos del hotel.

a) Administración.

b) Recepción.

c) Logística.

d) Restauración.

2.6. Son mayoristas de viajes que reúnen todos los elementos para componer paquetes de viajes que luego venden a puntos de venta minoristas. Estos son:

a) Agencias de viajes.

b) Centrales de reservas.

c) Centrales de compras.

d) Turoperadores.

2.7. Establecimientos que ofrecen alojamiento, con o sin comedor, y con servicios complementarios. Ocupan la totalidad de un edificio o una parte del mismo que está independizada. Son:

a) Hoteles.

b) Hoteles-apartamento.

c) Hostales.

d) Hoteles rurales.

2.8. Las agencias de viajes son empresas titulares para la organización y gestión de viajes combinados, atendidas por profesionales en la materia y previamente autorizada. Se constituyen en régimen de sociedad limitada, el permiso o licencia lo otorga el Ministerio de Turismo.

a) Verdadero.

b) Falso.

2.9. Están regulados en la mayor parte de comunidades autónomas según cuatro categorías. Su distintivo se señala mediante una «L», «1ª», «2ª», «3ª».

En algunos sitios, este distintivo va acompañado de estrellas, como es el caso de Andalucía. Se trata de:

a) Casas rurales.

b) Apartamentos rurales.

c) Campings.

d) Zonas de caravanas.

2.10. Viviendas independientes que no superan un máximo de capacidad. De media en torno a 18 a 20 personas. Pueden ser en régimen compartido (alquiler de habitaciones) o no compartido (alquiler completo). Se trata de:

a) Casa rural.

b) Apartamento rural.

c) Hotel rural.

d) Camping.

2.11. El calificativo ___ solo podrán usarlo los hoteles clasificados en la categoría de cinco estrellas y declarados con tal carácter por la Consejería de Turismo y Deporte cuando reúnan condiciones excepcionales en sus instalaciones, equipamientos y servicios.

a) Cinco estrellas.

b) Superior.

c) Lujo.

d) Gran lujo.

2.12. Las centrales de reservas conectan a clientes con los sistemas globales de distribución (GDS). Esta figura se encarga de ofrecer un canal alternativo en la contratación de servicios de alojamiento y realizan labores de promoción. Esto es:

a) Verdadero.

b) Falso..

2.13. ¿Cuál de las siguientes afirmaciones respecto a las tarifas de menores es correcta?

a) Hasta los 6 años suelen pagar un 30 % de la tarifa normal.

b) Hasta los 6 años suelen pagar un 50 % de la tarifa normal.

c) Hasta los 12 años suelen pagar un 30 % de la tarifa normal.

d) Hasta los 12 años suelen pagar un 50 % de la tarifa normal.

2.14. Dispone de tres camas o dos camas más una supletoria. Se trata de:

a) Habitación doble.

b) Habitación triple.

c) Habitación cuádruple.

d) Ninguna de las anteriores.

2.15. La reserva de grupo hace referencia a la prestación por parte de la empresa de alojamiento de una serie de servicios para un grupo de personas. El número de servicios aumenta, con ello los trámites intermedios, así como los descuentos u ofertas por parte del alojamiento. Esto es:

a) Verdadero.

b) Falso.

3. El transporte como componente del producto turístico

Contenido

Las empresas de transporte son un elemento esencial del producto turístico que, debido a sus características, obliga al cliente a desplazarse hasta el mismo. La clasificación de medios de transporte supone el medio a través del cual se realiza dicho movimiento de los viajeros:

- Transporte por carretera.

- Trasporte por aire.

- Transporte por tren.

- Transporte marítimo.

La elección del medio de transporte condicionará la imagen de nuestro producto, siempre va a depender de una combinación de factores que son:

- La comodidad del medio. Siempre en la relación a la calidad de sus infraestructuras de cara a los servicios que demanda el viajero y el prestigio que tenga la compañía.

- La velocidad. Hay medios de transporte que, dependiendo del trayecto, serán más adecuados debido al factor tiempo. No será el mismo aprovechamiento para un cliente decidir ir a China en coche desde Madrid que optar por un vuelo.

- El coste. Uno de los factores siempre más determinantes a la hora de escoger un medio u otro, que, por supuesto, se va a ver definido siempre por la temporada, si es alta o baja y, por el tipo de compañía. No vende el mismo concepto Ryanair que Turkish Airlines.

3.1. Transporte por carretera

El transporte por carretera es muy común entre los viajeros cuando se trata de trayectos relativamente cortos. Las opciones que el turista puede tener son: vehículo propio, vehículo de alquiler o autocar.

3.1.1. Vías de comunicación

En España, la principal vía de comunicación es la red nacional de carreteras, que se encuentra integrada por todas las carreteras que discurren por territorio nacional.

La red de carreteras de España integra, en función de su titularidad:

- Red de Carreteras del Estado. Son aquellas carreteras que son competencia del Estado a través del Ministerio de Transportes, Movilidad y Agenda Urbana. Forman parte de ellas tanto las carreteras nacionales, como las autopistas y autovías del Estado.

- Red secundaria de carreteras de España: comprenden tanto carreteras como autopistas y autovías e integra, en función de su titularidad:

  — Red Autonómica: conjunto de las carreteras de titularidad autonómica (dependientes de la comunidad autónoma).

  — Red Provincial: conjunto de las carreteras de titularidad provincial (dependientes de la diputación provincial).

  — Red Municipal: conjunto de las carreteras de titularidad municipal (dependientes del ayuntamiento).

La denominación de las carreteras está normalizada en el apartado de Señales de Identificación de Carreteras del Real Decreto 1428/2003 del Reglamento General de Circulación.

En el caso de las comunidades autónomas de más de una provincia, la Red de Carreteras del Estado adopta el esquema siguiente, donde XX es el código identificativo de la comunidad autónoma, YY es el código identificativo de la provincia y ZZ es el código identificativo de la ciudad. Por ejemplo **AL-12** sería acceso a Almería.

Los tipos de carreteras que nos podemos encontrar en España son:

- Autopistas.
- Autovías.
- Carreteras de la Red general del estado o Nacionales.
- Carreteras autonómicas.
- Carreteras de la red provincial.
- Carreteras locales de la red municipal.
- Autovías o carreteras con itinerario europeo.

3.1.2. Alquiler de automóviles

Es uno de los servicios opcionales para los turistas que les permite moverse libremente por un destino y no tener que depender de un transporte predeterminado. Las empresas que fijan este tipo de servicios suelen ser de ámbito privado y grandes corporaciones que hacen posible la presencia en numerosos mercados. Suelen contar con oficinas en los aeropuertos, estaciones y, en ocasiones, en hoteles.

Hay dos formas de contratar el servicio de alquiler de vehículos:

- Alquiler con conductor

  El servicio lo presta un chófer que en ocasiones suele funcionar también de guía para los pasajeros. Tiene unos horarios estipulados previamente con el cliente. Suele asociarse a un turismo más caro o de lujo.

- Alquiler sin conductor

  El importe a pagar por el alquiler de un vehículo va a depender de diversos factores:

  — El modelo del vehículo.

  — Los días de alquiler.

  — El punto de recogida y de entrega (muchas compañías suelen cobrar un plus por no entregarlo en el punto de recogida).

  — El seguro contratado.

  La agencia o intermediario turístico debe informar a los clientes sobre las condiciones expresas de las compañías. Destacaremos algunas de las consideraciones generales, aunque debemos recordar que cada una de las compañías tiene sus propias particularidades a la hora de hacer un contrato.

  — Carnet de conducir en vigor. Hay destinos en los que se puede necesitar un carnet internacional.

  — Tarjeta de crédito en vigor que la empresa suele quedarse como aval de la operación.

  — Firma de la auditoría del vehículo. Al inicio del contrato la empresa entrega un documento de las condiciones en las que se entrega el coche; una vez devuelto, se vuelve a evaluar si este está como al principio.

  — Devolución puntual en el lugar pactado.

  — Devolución con el depósito de combustible lleno.

  — Comunicación a la empresa por incidencias durante su uso, como por ejemplo, multas de tráfico. La no comunicación puede acarrear costosas consecuencias.

3.1.3. Servicios de autocares

Las instalaciones que nos encontramos en una estación de autobús cuentan con zonas muy similares a la del tren. En primer lugar, las dársenas son el sitio de estacionamiento de los autocares para la subida y bajada de los viajeros, y, en segundo lugar, existen unas zonas de atención al viajero, allí se pueden encontrar desde las taquillas para la venta y reserva de billetes, puntos de información o zona comercial y de ocio.

Los servicios propios de los autocares siempre están en relación al kilometraje que van a realizar. Nos podemos encontrar los siguientes tipos de autobuses:

- Regulares

  Son aquellos que operan de acuerdo a un calendario, horario y recorrido establecido. Toda esta información se publica de forma anual en las estaciones o páginas web de las compañías.

  Los recorridos pueden ser a nivel internacional, cuando trasladan a los pasajeros de un país a otro, o bien a nivel nacional, cuando los recorridos son dentro del propio país a nivel regional o local.

- Discrecionales

  Son aquellos que se contratan para un grupo de clientes concretos, por tanto, esto supone que no tienen un calendario, horario ni recorrido establecido, sino que es la agencia (en nombre de los clientes) quien la fija.

- Turísticos

  Uno de los complementos de los paquetes turísticos. Funcionan bajo precio fijo pues se suele tratar de una excursión prefijada o un recorrido de interés. Por ejemplo, una visita panorámica a una ciudad para conocer los recursos turísticos de la misma, una excursión de un día o, incluso, un circuito turístico de varios días.

- Transfer

  Es otra de las modalidades turísticas que traslada a viajeros entre medios de transporte, generalmente el avión con los hoteles o puntos señalados de las ciudades de destino.

3.1.4. Principales compañías

Dentro del transporte por carretera, visto en los puntos anteriores, podemos destacar las siguientes compañías. Respecto a autocares, podemos destacar los siguientes ejemplos: a nivel internacional compañías como ALSA, perteneciente a National Express Group o Eurolines. A nivel nacional, encontramos otras compañías representativas, como por ejemplo, Unionbus o Carrera.

Respecto al alquiler de coches, las empresas suelen ser privadas y multinacionales, los ejemplos más reseñables son: Avis, Hertz, Europcar o Pepecar.

3.2. Transporte por ferrocarril

Es el medio de transporte que circula sobre carriles, compuesto por uno o más vagones o coches arrastrados por una locomotora o bien constituido por automotores.

Surge a principios del siglo XVIII con la aparición de las primeras locomotoras que transportaban mercancías y pasajeros de forma rápida y segura para la época. Desde entonces, este vehículo ha continuado evolucionando.

Respecto al resto de transportes, posee unas ventajas muy características:

- No hace falta mucha antelación para coger un tren.

- Es un medio cómodo. Existen muchos de ellos que incluso son coches cama.

- Es rápido, pues no sufre problemas de atascos.

Las estaciones son las instalaciones en las que se desarrolla la actividad ferroviaria y cuentan con tres zonas clave: andenes, para la carga y descarga de viajeros; las zonas de atención al cliente, aquí se suelen encontrar las taquillas, salas de espera y tiendas, y una zona de administración de la propia estación, donde se controla el tráfico de trenes y la gestión administrativa.

Se presenta como medio ideal para corta y media distancia, aunque veremos que existen numerosas opciones según su tipología.

3.2.1. Tipos de trenes

Nos podemos encontrar, dentro de la tipología ferroviaria, trenes que operan según una distancia:

a) Trenes regulares

- Larga distancia: realizan desplazamientos a gran distancia uniendo núcleos urbanos significativos. Ejemplo: Madrid-Barcelona. Para las butacas las clases son club, preferente y turista. Si el coche es coche cama, las clases pueden ser en cabina, gran clase, preferente y turista.

- Media distancia: servicios convencionales que incluyen trayectos que unen localidades de tamaño medio, mínimo 100 kilómetros. Cuenta con clase preferente y turista. Por ejemplo: trayecto Gijón-León.

- Cercanías: une centros urbanos en localidades enmarcadas dentro de un radio cercano, por ejemplo, dentro de una misma provincia. En Asturias nos podemos encontrar un tren de cercanías que une Oviedo y Gijón.

- Interurbanos: trenes que realizan su actividad dentro del propio núcleo turístico.

- Trenes turísticos: hacen un recorrido extenso a través de recursos turísticos. Además del viaje en el tren, suelen incluir servicios adicionales dentro y fuera del mismo.

b) Trenes chárter

- Son trenes que se alquilan a plazas o completos por un motivo especial, hacen recorridos determinados para paquetes o servicios puntuales.

3.2.2. Principales líneas de ferrocarriles

En España, el servicio de tren está prestado en su mayoría por dos compañías:

- FEVE

  Ferrocarriles Españoles de Vía Estrecha (FEVE) depende del Ministerio de Transportes, Movilidad y Agenda Urbana y gestiona las líneas al norte de España principalmente. Es una empresa que se encarga del transporte de viajeros y de mercancías. Además, cuenta con algunos de los trenes turísticos más significativos como son: el *Transcantábrico,* el *Expreso de La Robla* o el de *Costa Verde Express.*

- RENFE

  Red Nacional de Ferrocarriles Españoles (RENFE) ofrece transporte de largo recorrido a lo largo del país, agrupados bajo las siguientes denominaciones:

  — AVE-Larga distancia.

  — RENFE-Media distancia.

  — Avant / Ave lanzadera.

  — Media distancia.

  — Cercanías.

- Trenes turísticos

  — Largo recorrido: *Transcantábrico, Al-Ándalus* en España o el *Transiberiano* o *Orient Express* a nivel internacional.

  — Corto recorrido: la *Ruta de la Sidra* y los *Dinosaurios* en Asturias o el *Ferrocarril Minero* de las minas de Riotinto.

3.2.3. Emisión de billetes de transporte de ferrocarril

El billete de tren o título de transporte ferroviario es un documento de transporte que acredita el derecho que tiene un pasajero a ser transportado junto con su equipaje de un punto a otro. Además, incluye información relativa a su coste, fecha, horario, trayecto y clase. Como ocurre con la emisión de los billetes de avión o autobús, ahora es posible comprarlo a través de internet sin necesidad de pasar por taquilla.

La reserva de billetes a través de GDS, web u oficina de la propia compañía es similar. Los datos que son necesarios para la misma son:

- Trayecto.

- Fecha de realización de viaje.

- Hora de salida de punto de origen y retorno.

- Número de pasajeros.

- Número de tren.

- Categoría (incluye el tipo de acomodación, si es un coche cama o de asiento).

- Tarifas y situaciones especiales.

- Precio.

- Forma de pago.

Condiciones especiales en los trayectos ida y vuelta

Tabla 3. Elaboración a partir de RENFE	
TIPO DE TREN	DESCUENTO GENERAL
Larga distancia y AVE	20 % en todas las clases siempre y cuando no transcurran entre vuelta y salida más de 60 días.
Media distancia	10 % en todas las clases siempre y cuando no transcurran entre vuelta y salida más de 15 días.
Avant	10 % en billetes cerrados para el mismo día y en idas/vueltas y días distintos hasta 15 días.

Tabla 4. Elaboración a partir de RENFE	
TIPO DE CLIENTE	DESCUENTO GENERAL
Niños	Menores de 4 que no ocupen plaza en medias y largas distancias no pagarán billete. Menores de 6 que no ocupen plaza en corta distancia.
Familia Numerosa	20 % para las generales y 50 % las especiales.
Jóvenes	Con el Carnet Joven para los que están entre los 14 y 26 años.
Militares	50 %
Tercera edad o pensionista mayor de 18	Para mayores de 60 y pensionistas o mayores de 18 con alguna discapacidad pueden optar a la Tarjeta Dorada que proporciona entre el 25 % y el 40 % dependiendo del trayecto.

3.2.4. Principales compañías

La siguiente tabla muestra una relación de compañías ferroviarias en transporte de viajeros, en algunos de los casos, incluye también el transporte de mercancías. El siguiente listado lo puedes encontrar en la página de la Agencia Estatal de Seguridad Ferroviaria dependiente del Ministerio de Transportes, Movilidad y Agenda Urbana.

Tabla 5. Empresas con licencia y certificado de seguridad			
Empresa	Licencia	Certificado de seguridad	WEB
V: viajeros; **M:** mercancías; **V y M:** viajeros y mercancías; **M, C y Ma:** mercancías, construcción y mantenimiento			
ACCIONA RAIL SERVICES, S.A.	M	M, C y Ma	www.acciona.com/es
AISA TREN, S.A.U.	V	—	—
ALSA FERROCARRIL, S.A.U.	V y M	V y M	www.alsa.es/alsarail
ARCELORMITTAL SIDERAIL, S.A.	M	—	www.arcelormittal.com
ARRAMELE SIGLO XXI, S.A.	M	—	—
ARRIVA SPAIN RAIL, S.A.	V	V	www.arriva.es
ATHOS RAIL, S.A.	V y M	—	www.athosrail.com
AVANZA TREN, S.A.U.	V	—	—
CAPTRAIN ESPAÑA, S.A.U.	V y M	M	www.captrain.es
COMPAÑÍA EUROPEA FERROVIARIA, S.A. (CEFSA)	M	M	—
CONSTRURAIL, S.A.	M	M	www.constru-rail.es
CONTINENTAL RAIL, S.A.	V y M	M	www.continentalrail.es
CONTRATAS Y SERVICIOS FERROVIARIOS, S.A.U. (COSFESA)	M	M, C y Ma	www.grupoortiz.com
CSP LOGITREN, S.A.	M	M	www.logitren.es
ECO RAIL, S.A.	V y M	V y M	www.ecorail.es
EMPRESA RUIZ, S.A	V	—	www.gruporuiz.com
EUSKO TRENBIDEAK FERROCARRILES VASCOS, S.A.	V y M	M	www.euskotren.eus
FERROVIAL CONSTRUCCIÓN	—	C y Ma	www.ferrovial.com
FERROVIAL RAILWAY, S.A.	V y M	M	www.ferrovial.com
FGC RAIL, S.A.	V y M	V	www.fgc.cat
GLOBAL RAIL, S.A.U	V y M	—	www.globalvia.com
GO TRANSPORT SERVICIOS 2018, S.A.	V y M	V y M	—
GUINOVART RAIL, S.A.	M	—	www.gyo.es
INTERMODALIDAD DE LEVANTE, S.A. (ILSA)	V	Viajeros	www.ilsarail.eu
LOW COST RAIL, S.A.	V y M	V y M	www.lcrail.com
MOVENTIS RAIL, S.A.U.	V	V	

Tabla 5. Empresas con licencia y certificado de seguridad			
Empresa	Licencia	Certificado de seguridad	WEB
V: viajeros; **M:** mercancías; **V y M:** viajeros y mercancías; **M, C y Ma:** mercancías, construcción y mantenimiento			
OUIGO ESPAÑA, S.A.U.	V	V	www.ouigo.com
REDALSA	—	C y Ma	redalsa.com
RENFE MERCANCÍAS SOCIEDAD MERCANTIL ESTATAL, S.A.	M	M	www.renfe.com
RENFE VIAJEROS SOCIEDAD MERCANTIL ESTATAL, S.A.	V	V	www.renfe.com
ROVER RAIL	—	C y Ma	www.rovergrupo.com
SUARDIAZ RAIL COMPANY, S.A.	V	M	www.suardiaz.com
TRACCIÓN RAIL, S.A.U.	M	M	www.azvi.es
TRANSFESA LOGISTICS, S.A.	M	M	www.transfesa.com
TRANSITIA RAIL, S.A.	V y M	M	www.transitia.es
TRANSPORTES MIXTOS ESPECIALES, S.A. (TRAMESA)	M	M	www.tramesa.com
VÍAS Y CONSTRUCCIONES, S.A.	M	M, C y Ma	www.vias.es

3.3. Transporte acuático

Durante gran parte de la historia, el transporte acuático fue el medio de transporte por excelencia para largas distancias. Dentro de este tipo podemos distinguir:

- Transporte marítimo: actualmente su mercado potencial es el transporte de mercancías, dejando el de viajeros para viajes de placer tipo crucero.

- Transporte fluvial: el transporte a través de ríos o canales. No todos los ríos son navegables, pues la navegabilidad va a depender de su caudal, cauce y clima del lugar. Actualmente existen numerosos ríos navegables, ejemplo: el Danubio.

3.3.1. Características

Como principal característica, podemos indicar que el transporte acuático permite las cargas voluminosas, pero, en contrapartida, es un medio más lento. En segundo lugar, es un medio flexible en cuanto a distancias y cargas, ya que nos podemos encontrar diferentes tipos de barcos dependiendo de las necesidades, su tamaño permite el transporte de mercancías líquidas, granel, frías, etc. Y, por último, se presenta como el mejor medio de transporte internacional en cuanto a cargas pesadas.

3.3.2. Puertos. Clasificación modalidades y servicios en los transportes marítimos

En primer lugar, y atendiendo al volumen que se quiera transportar, nos encontramos dos regímenes diferentes:

- Transporte marítimo regular:

  Se centra en la carga general y contenerizada, que suelen ser mercancías de productos industriales y bienes de consumo. Al contratar, debemos conocer qué operaciones y gastos están incluidos en el flete. El término *Liner Terms* hace referencia a las condiciones establecidas por la línea.

- Transporte marítimo en régimen de flete:

  Ocupa el transporte de grandes mercancías sólidas, líquidas o industriales. El contrato se realiza a través de un documento llamado *póliza de fletamento,* en el cual fletador y fletante acuerdan, entre otras cosas, el tiempo de plancha (el tiempo que el barco debe permanecer en puerto dedicado a las operaciones de carga y descarga).

- Transporte marítimo de viajeros:

  Se ocupa del transporte de un punto a otro de viajeros, normalmente la clasificación viene definida por el tipo de embarcación de acuerdo a sus características de calidad o la distancia que van a recorrer. Entre los ejemplos más comunes nos encontramos:

  - Transporte regular:

    Son los servicios que al igual que el resto de transportes operan de acuerdo a un horario y recorrido establecidos. Si bien es cierto que los barcos de larga distancia tienen un carácter perecedero, los de corta siguen siendo servicios plenamente activos, como es el caso de los ferrys que sirven de transbordadores de en puntos cortos y permiten a los turistas, entre otras cosas, llevarse su coche, por ejemplo, a una isla.

  - Cruceros:

    Itinerarios circulares con escalas en puntos turísticos o de interés colectivo. Suelen contar con todos los servicios de alojamiento y manutención.

  - *Yachting:*

    El chárter náutico consiste en el alquiler de una embarcación, con o sin tripulación, para realizar un recorrido o una excursión acuática, normalmente de corta duración.

3.3.3. Características y clases de barcos

POR TAMAÑO	
Barcos menores	Barcos con una eslora (largo) menor de 24 m (< 78,74 pies) y con 50 o menos de volumen interno TRG.
Barcos mayores	Barcos con una eslora (largo) mayor de 24 m (< 78,74 pies) y con más de 50 de volumen interno TRG.
POR FINALIDAD DE RECREO	
Yate	Es una embarcación lujosa.
Velero	Es una embarcación que funciona gracias al viento.
Moto de agua	Moto náutica que en vez de utilizar hélice utiliza turbina.
Bote	Embarcación pequeña con poca capacidad. Propia de la pesca.
BUQUE DE TRANSPORTE	
Transatlántico	Cruzan el océano Atlántico y pueden navegar varios días o semanas sin parar en la costa.
Ferry	Enlaza dos puntos, normalmente de distancia corta para el transporte de viajeros y vehículos.
Crucero	Barcos que realizan viajes de placer. Incluyen alojamiento y servicios propios turísticos.

Además de los mencionados en la tabla superior, existen otro tipo de clasificaciones ajenas al turismo, señalamos las más importantes:

- Barco mercante.

- Buque petrolero. Transporta petróleo o sus derivados.

- Buque químico.

- Buque de carga general. Llevan contenedores.

- Buque frigorífico. Cuenta con bodegas de aislamiento térmico.

- Barco de guerra.

- Portaaviones.

- Acorazado. Buque de guerra blindado.

- Fragata. Buque de tamaño inferior destinado a escoltar.

- Buque especial.

- Buque balizador. Colocación y mantenimiento de los sistemas de señalización, por ejemplo, las boyas.

- Buque de salvamento.

- Lancha de salvamento. Pequeña embarcación con la función de auxiliar.

- Barcos meteorológicos.
- Lancha de limpieza. Mantenimiento de las aguas.

3.3.4. Principales compañías navieras

Según un último análisis de la revista financiera *Expansión,* estas son las navieras más importantes según su tamaño y presencia en todo el mundo:

1. Maersk Line

   Esta compañía danesa, con sede en Copenhague, ocupa la primera posición, debido a su elevado movimiento de TEU (contenedores de 20 pies) y a su amplia gama de navíos, de acuerdo con información de Alphaliner, sitio web especializado en el sector marítimo.

2. Mediterranean Shipping Company

   Empresa suiza, segunda en el ranking con presencia en 316 puertos, 200 rutas y un 13,5 % del mercado a nivel mundial.

3. CMA CGM

   La tercera naviera más grande en el mundo gracias a su estrategia para la adquisición de sus rivales, como fue el caso de Australian National Lines en 1998 y la francesa Delmas en 2005, con lo cual su presencia e infraestructura han aumentado exponencialmente.

4. Evergreen Line

   En realidad, Evergreen Line solo es el nombre comercial de la empresa, ya que bajo este se agrupan cuatro firmas navieras, Evergreen Marine, Italia Marittima, Evergreen Marine de Reino Unido y Evergreen Marina de Hong Kong.

5. Cosco Shipping

   Pertenece al gobierno de China, uno de los de mayor poderío económico. Esta empresa ha sabido aprovechar dicha ventaja para acercarse a los primeros lugares del sector naviero y haber transportado durante el año pasado 8 millones de TEU.

6. Hapag-Lloyd

   Empresa de origen alemán informó en su reporte 2012, que este año se caracterizó por una escasa demanda del comercio marítimo a causa de los problemas económicos de Europa y Estados Unidos, sin embargo, con base en su infraestructura, se logró mantener como una de las principales navieras en el mundo.

3.3.5. Los cruceros: compañías, rutas, tarifas

Los cruceros son un tipo de recorrido normalmente circular en los que se van realizando paradas según los puntos de interés. No tienen un tiempo de duración fijo, pues dependen del recorrido y de la compañía, pero podemos decir que, de media, como mínimo una semana. Suelen incluir los servicios típicos de alojamiento: comidas, bebidas, lavandería, animación, piscina, restaurantes, etc. Es como si fuera un gran hotel con todo tipo de servicios. A continuación vemos una imagen de un barco de cruceros.

- Proa: parte delantera del barco.

- Popa: parte trasera del barco.

- Estribor: parte derecha del barco, mirando hacia la proa.

- Babor: parte izquierda del barco, mirando la proa.

- Eslora: longitud del barco.

- Manga: anchura del barco.

- Velocidad: se expresa en nudos. 1 nudo = *(knot)* = 1,852 km/h.

- Cubierta: se trata de los distintos niveles del barco.

- Cabina o camarote: son los habitáculos o habitaciones, su precio varía dependiendo de su ubicación o categoría. En líneas generales, nos podemos encontrar la clasificación similar a las habitaciones de los hoteles, solo señalar que

Figura 3.1. Ejemplo barco crucero.

aquí existe la opción de las camas bajas y literas. Además, las habitaciones más caras suelen ser las que están en pisos superiores y exteriores.

Los itinerarios más conocidos dentro de los cruceros son los que están ligados al producto de sol y playa, no obstante, el mundo está dividido en una serie de áreas de crucero que se muestran a continuación:

- Crucero por el Mediterráneo

    Podemos encontrar las siguientes divisiones, aunque quizás los cruceros más populares los encontramos por la zona de Italia e islas griegas.

    — Costas del norte: Italia, España, Gibraltar, Francia, Mónaco, Eslovenia, Bosnia y Herzegovina, Croacia, Montenegro, Albania, Grecia y Turquía.

    — Costas del oriente: Líbano, Siria, Israel y la Franja de Gaza.

    — Costas del sur: España, Egipto, Libia, Túnez, Argelia y Marruecos.

    — Naciones mediterráneas: Malta y Chipre.

- Crucero por el Caribe

    El Caribe está conformado por numerosas islas que podemos dividir en diferentes áreas de cruceros. En primer lugar, tenemos el Caribe occidental, entre las rutas más populares tenemos Jamaica, México o Bahamas. En la zona oriental, nos encontramos rutas como Puerto Rico y, finalmente, la zona del sur, dominada por las visitas a Barbados, Dominica, San Juan, Granada, Bequia, entre otros; la zona es muy exótica.

- Crucero por los fiordos noruegos

    Otra de las opciones más populares es la zona del norte. Dependiendo del itininerario nos podemos encontrar zonas como Países Bajos, Gran Bretaña, Dinamarca, Francia o Bélgica.

Las compañías de cruceros más reseñables que nos podemos encontrar en el panorama actual a nivel internacional según la página de cruceros.com son:

- AIDA Cruises

    La flota AIDA cuenta con nueve impresionantes cruceros. El miembro más nuevo de la flota, *AIDA Mar,* fue bautizado en el 2012.

- Azamara Club Cruises

    Ofrece cruceros exclusivos para clientes que den total prioridad al destino. Su flota está formada por el *Azamara Journey* y el *Azamara Quest,* diferenciados de cualquier otro por el tamaño, ya que de esta manera pueden atracar en lugares que ningún otro barco puede tener a su alcance.

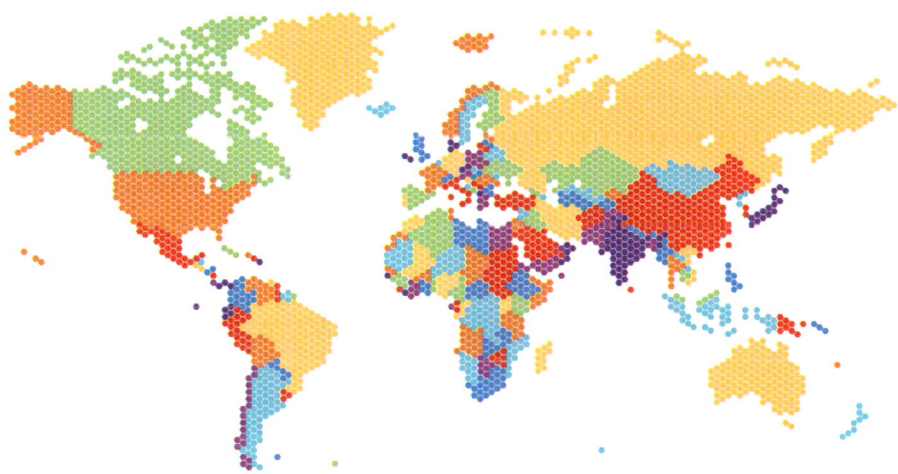

- Carnival Cruise Lines

  La compañía número uno en oferta de ocio y diversión.

- Costa Cruceros

  Constituye la mayor flota de barcos europea, además es una compañía italiana de barcos muy modernos y completos.

- Crystal Cruises

  Crystal Cruises es una compañía estadounidense, catalogada por la prestigiosa revista *Nast Traveller* como la mejor compañía de cruceros en el 2007.

- Cunard

  Empresa naviera británica que ofrece estilo y exclusividad como dos de sus características principales en los Cruceros Cunard, que, desde 1840, navegan por todo el mundo. *Queen Elizabeth, Queen Mary 2,* y *Queen* son algunos de sus barcos más reseñales.

- Disney Cruise Line

  Navegación por el Mediterráneo con espectáculos y decoración Disney.

- MSC Cruceros

  Es la segunda compañía naviera más grande del mundo.

- Norwegian Cruise Line

  La filosofía de esta naviera se centra en el *Freestyle Cruising,* es decir, el pasajero sigue sus propias reglas, solo tiene que relajarse y elegir en qué emplear su tiempo. No existen horarios ni normas de vestir.

- Oceania Cruises

  La estadounidense Oceania Cruises es una naviera líder en cruceros de lujo. Todos sus barcos están dotados de las mejores instalaciones; con capacidad para 700 pasajeros, disfrutarán de los cuatro restaurantes, tiendas, bares y salones, biblioteca a bordo, casino, etc.

- Pullmantur

  Compañía española por excelencia con un servicio inspirado para el público hispano.

- Royal Caribbean International

  Posee los cruceros más grandes y con más instalaciones a bordo.

Respecto al tema de las tarifas, conviene señalar que siempre depende de las características de cada una de las empresas, pero, en líneas generales, podemos señalar que el precio global de un crucero depende de una serie de factores:

- El camarote. Como hemos comentado, no cuesta lo mismo una habitación doble que una sencilla, si es exterior o interior, o si está en una planta baja o cubierta. Aunque es cierto que el precio del alojamiento supone, frecuentemente, la mitad del coste total.

- Los seguros. No son obligatorios, pero sí que son recomendables frente a anulaciones o problemas que puedan surgir.

- La tasa de embarque. Es la tasa que cobra el puerto por los servicios de recepción del pasajero, controles de pasaje y manipulación del equipaje hasta que se entrega en el buque.

- Las propinas. En España el sistema de propinas es algo que solo relacionamos con la hostelería, sin embargo, a nivel internacional supone la mayor parte del sueldo de los trabajadores. Muchas compañías navieras incluyen un extra en la tarifa en concepto de propinas.

- Tasas de servicio. Sobre todo se ven reflejadas en el servicio de bebidas y aperitivos.

- Excursiones en tierra contratadas por los viajeros.

Los cruceros fluviales y lacustres

Existen cruceros realizados en ríos y lagos que son de menor tamaño y los recorridos de menor duración, no obstante, nos podemos encontrar el mismo nivel de calidad respecto a sus servicios que los marítimos.

Entre los recorridos más conocidos están los siguientes:

- Cruceros por el Rin.

- Cruceros por el Elba.

- Cruceros por el Danubio.

- Cruceros por el Sena y el Ródano.

- Cruceros por el Misisipi.

- Cruceros por el Nilo.

- Cruceros por el Volga y Ladoga.

Las compañías que realizan estos itinerarios son:

- KD/River Cruises of Europe: compañía suiza que tiene recorridos con una duración entre 3 y 17 días porel Rin, Mosela, Elba o Danubio.

- Delta Queen Steamboat Co: de nacionalidad estadounidense, ofrece recorridos de 4 o 7 noches en embarcaciones que recrean los antiguos barcos a vapor, pero con comodidades actuales, por el río Misisipi.

- Sheraton y Oberoi: ofrecen recorridos en barcos de lujo por el Nilo.

3.4. Transporte aéreo

El transporte aéreo es el principal medio en turismo para emisiones y recepciones de turistas.

3.4.1. Tipos y funciones de las compañías aéreas

Existen diversas clasificaciones de compañías aéreas. Cada compañía aérea recibe un código IATA *(International Air Transport Association)* compuesto por dos letras y tres cifras que va a identificar todas las operaciones que realiza la compañía, por ejemplo, Iberia está identificada por el código IB y los dígitos 075. Existen diferentes empresas de transporte aéreo:

- Transporte regular: son aquellas que operan según un horario, calendario y recorrido fijos, independientemente de las plazas vendidas.

- Chárter: son vuelos fletados. No operan de acuerdo un horario, calendario o recorrido fijos, sino que se asignan para momentos en los que habrá una demanda alta.

- Servicios especiales: son considerados así por el tipo de medio de transporte que utilizan: avionetas, globos, helicópteros, etc. Y también por el tipo de trayectos que realizan, suelen ser cortos, como por ejemplo, excursiones o visitas.

Además, en función de la licencia que obtengan, nos encontramos en la Agencia de Seguridad Aérea:

- Licencia de tipo A: permiten la explotación de servicios aéreos de pasajeros, de carga y/o de correo, a cambio de remuneración y/o pago de alquiler. Como por ejemplo: Air Europa, Air Nostrum, IBERIA, Spanair, etc.

- Licencia de tipo B: permiten la explotación de servicios aéreos de pasajeros, de carga y/o de correo, a cambio de remuneración y/o pago de alquiler, exclusivamente con aviones de peso máximo al despegue inferior a 10 Tm y/o menos de 20 asientos. Como por ejemplo: Aerotaxis del Mediterráneo o Heliduero.

Además de las compañías mencionadas anteriormente, no podemos olvidarnos de las aerolíneas *low cost* (bajo coste). Según Airlines Ratings, agencia calificadora de la industria aérea, en los estudios de 2023, el 36 % de los vuelos programados mundialmente son de bajo coste. De hecho, este año su *ranking* de compañías ha pasado de 20 a 25 aerolíneas, entre las que se encuentra la española Vueling.

- Venden sus servicios exclusivamente a través de internet, lo que supone una reducción en costes de distribución.

- Operan desde aeropuertos secundarios y en horas en las que es más barato el uso de las instalaciones del aeropuerto.

- Reducen costes en cabina y cobran suplemento por los servicios extra que no sean directamente el vuelo.

- Operan con menor flexibilidad en cuanto a cambios de horarios y políticas de cancelación de viajes.

3.4.2. Transporte aéreo comercial

El transporte regular comercial es una actividad que hacen las compañías aéreas, ya sean estas grandes o pequeñas, dedicadas al transporte aéreo bien de personas o de mercancías, bajo un itinerario marcado.

3.4.3. Compañías aéreas regulares

A continuación ofrecemos un listado con las principales aerolíneas internacionales de transporte de viajeros clasificadas según su país de fundación.

En España nos podemos encontrar:

- Air Nostrum. Con sede en Valencia, realiza operaciones como franquicia de la aerolínea Iberia. Efectúa más de trescientos vuelos diarios y tiene una flota de más de sesenta aviones de última generación.

- Air Europa. Cuenta con bases en los aeropuertos de Gran Canaria, Asturias, Palma de Mallorca y Barcelona. Dentro de sus rutas frecuentes están las que tienen como destino Gran Canaria y Tenerife, tanto norte como sur.

- Iberia. Esta aerolínea española fue fundada en 1927 y actualmente lidera las rutas que unen Europa con Sudamérica. Su base está ubicada en el Aeropuerto Adolfo Suárez Madrid-Barajas y ofrece vuelos a más de cien destinos en cuarenta países.

En Europa destacan:

- Lufthansa. Esta compañía está considerada como una de las más seguras del mundo y tiene sede en Colonia. Cuenta con más de quinientos aviones y, junto a Thai Airways International y United Airlines, es miembro fundador de la alianza de aerolíneas Star Alliance.

- Air Berlin. Después de Lufthansa, Air Berlin es la segunda compañía aérea más importante de Alemania y una de las más importantes de Europa. Realiza rutas principalmente con destino al Mediterráneo, entre los que se incluyen las islas Baleares y las islas Canarias, y también a América del Norte, el Caribe y Asia, entre otros destinos internacionales.

- British Airways. Es una compañía aérea de Reino Unido es una de las principales del mundo y una de las más representativas en cuanto a ofertas de vuelo entre América del Norte y Europa. Cuenta con rutas a Europa, África, Asia, Australia, América del Sur y el Caribe.

- Air France. Francesa. Junto a compañías aéreas como Alitalia y Aeroméxico, es parte de la alianza Sky Team.

- KLM. Esta aerolínea fue fundada en 1919 y es actualmente la principal compañía aérea de Países Bajos.

En el resto del mundo:

- American Airlines. Conocida como AA, es la línea aérea más grande del mundo según ingresos anuales. Cuenta con una flota superior a los 800 aviones y tiene base en Texas. Sus rutas cubren todo el territorio norteamericano, el Caribe, Canadá, China, India, Japón y América Latina.

- US Airways. Tiene su sede en Arizona y es propiedad de US Airways Group. Ofrece una amplia gama de destinos tanto en EE. UU. como en América Latina y Europa; entre estos últimos, Alemania, Bélgica, España, Francia, Irlanda, Italia, Países Bajos, Portugal, Reino Unido y Suiza.

- Qatar Airways. Se trata de una compañía estatal cuya sede es el Aeropuerto Internacional Hamad, Doha. Actualmente, posee una flota de más de cien aeronaves y opera rutas hacia más de cien destinos internacionales.

- Emirates. Con sede en Dubái, es una compañía aérea subsidiaria del grupo The Emirates Group, cuya totalidad es propiedad del Gobierno de Dubái. Constituye la compañía más grande de Medio Oriente y opera más de 3000 vuelos semanalmente a nivel nacional e internacional.

- Turkish Airlines. Su base se encuentra en Estambul. Cuenta con 261 destinos, de los cuales 43 se encuentran en Turquía y los 108 restantes incluyen países de Europa, África, Asia y América.

Líneas aéreas de bajo coste:

- Vueling Airlines. Es una compañía aérea española con base en Barcelona. Opera vuelos nacionales y por Europa.

- Ryanair. Es una compañía irlandesa. A día de hoy, se ha convertido en la principal de vuelos de bajo coste en Europa.

- EasyJet. Esta compañía británica tiene su sede en el Aeropuerto de Luton en Londres y es una de las principales aerolíneas de vuelos baratos en Europa.

3.4.4. Tipos de servicios

Los aeropuertos son las instalaciones destinadas al tráfico regular de aviones y están conformados por dos partes básicas:

- *Air-Side* (lado aire), que incluye la pista (para despegue y aterrizaje), las pistas de carreteo, los hangares y las zonas de aparcamiento de los aviones.

- *Land-side* (lado de tierra) es la zona del pasajero, e incluye la terminal de pasajeros, donde se encuentran todas las instalaciones de atención a este como por ejemplo: los *finger* de embarque y desembarque, salas de espera, mostradores de facturación, centros de recogida de equipaje, control de aduanas, zonas de tiendas *duty free* (libres de impuestos).

Tipos de servicios generales:

- Vuelos chárter: son vuelos no regulares. Su principal característica es que su oferta va en función de la demanda que va surgiendo en todo momento.

- Taxi aéreo: vuelos privados tanto a nivel doméstico como internacional. Suelen ser vuelos personalizados de alto poder adquisitivo.

- Vuelos ejecutivos.

- Vuelos de carga:

    — Aviones mixtos: transportan pasajeros y carga.

    — Aviones de carga: solo transportan carga.

    — Súper transportes: transportan cargas de grandes dimensiones.

Tipos de servicios en el avión:

- La primera clase del avión está diseñada para que los pasajeros puedan disfrutar de todas las comodidades. Las butacas (algunas de ellas incluso se hacen cama), el entretenimiento que ofrece la aerolínea, el menú y los detalles con los que cuenta no tienen nada que ver con los de la clase turista. Incluso algunas aerolíneas disfrutan de internet. Tienen prioridad para el desembarque y recogida de equipaje.

- En la clase *business,* la butaca es similar, aunque permite un mayor espacio y adaptabilidad porque en los vuelos a Europa, norte de África y Oriente Próximo el asiento central queda libre. El espacio entre filas es de 86 centímetros y el ancho interior de la butaca es de 44, uno más que en turista. Algunas compañías incluyen la posibilidad de utilizar teléfono de forma individual con coste por minuto para el viajero. Tienen prioridad para el desembarque y recogida de equipaje.

- Clase *economy* o turista: es la común. No goza de ningún privilegio especial.

AUTOEVALUACIÓN

3.1. Son vuelos privados tanto a nivel doméstico como internacional. Suelen ser personalizados, de alto poder adquisitivo:

a) Chárter.

b) Regular.

c) Taxi aéreo.

d) Ejecutivo.

3.2. El *Air-Side…*

a) Incluye la pista (para despegue y aterrizaje), las pistas de carreteo, los hangares y las zonas de aparcamiento de los aviones.

b) Es la zona del pasajero, e incluye la terminal de pasajeros, donde se encuentran todas las instalaciones de atención a este.

c) Son los denominados *fingers.*

d) Son los destinados al público general, separados por compañías.

3.3. Permiten la explotación de servicios aéreos de pasajeros, de carga y/o de correo, a cambio de remuneración y/o pago de alquiler, exclusivamente con aviones de peso máximo al despegue inferior a 10 Tm y/o menos de 20 asientos.

a) Licencia de tipo A.

b) Licencia de tipo B.

c) Licencia de tipo C.

d) Licencias especiales.

3.4. La parte delantera del barco se conoce como:

a) Proa.

h) Popa.

c) Eslora.

d) Nudo.

3.5. Enlaza dos puntos, normalmente de distancia corta, para el transporte de viajeros y vehículos. Se trata de:

a) Bote.

b) Yate.

c) Ferry.

d) Trasatlántico.

3.6. El billete de tren o título de transporte ferroviario es un documento de transporte que acredita el derecho que tiene un pasajero a ser transportado junto con su equipaje de un punto a otro. Esto es:

a) Verdadero.

b) Falso.

3.7. Son aquellos que se contratan para un grupo de clientes concretos, por tanto, esto supone que no tienen un calendario, horario y recorrido establecido, sino que es la agencia (en nombre de los clientes) quien la fija. Se trata de:

a) Regular.

b) Discrecional.

c) Turístico.

d) Transfer.

3.8. Son aquellas carreteras que son competencia del Estado a través del Ministerio de Transportes, Movilidad y Agenda Urbana Forman parte de ellas tanto las carreteras nacionales, como las autopistas y autovías del Estado. Se trata de:

a) Red de Carreteras del Estado.

b) Red secundaria de carreteras de España.

c) Red autonómica de carreteras.

d) Ninguna de las anteriores.

3.9. Los factores determinantes para escoger un medio de transporte u otro son fundamentalmente:

a) Las ofertas y promociones ofertadas por los servicios intermediarios.

b) Solo son determinantes las conexiones que tenga el viajero en su punto de origen.

c) Rapidez y coste.

d) Comodidad, rapidez y coste.

3.10. ¿Cuál de las siguientes afirmaciones sobre las líneas de bajo coste NO es correcta?

a) Venden sus servicios exclusivamente a través de internet, lo que supone una reducción en costes de distribución.

b) Operan desde aeropuertos primarios y en horas en las que es más barato el uso de las pistas del aeropuerto.

c) Reducen costes en cabina y cobran suplemento por los servicios extra que no sean directamente el vuelo.

d) Operan con menor flexibilidad en cuanto a cambios de horarios y políticas de cancelación de viajes.

3.11. ¿Cuál de los siguientes NO es un requisito para el alquiler de un vehículo sin conductor?

a) Carnet de conducir en vigor.

b) Firma de auditoría inicial del vehículo.

c) Tarjeta de crédito en vigor.

d) Aval bancario.

3.12. En España, el sistema de propinas es algo que solo relacionamos con la hostelería, sin embargo, a nivel internacional supone la mayor parte del sueldo de los trabajadores. Muchas compañías navieras incluyen un extra en la tarifa en concepto de propinas. Esto es:

a) Verdadero.

b) Falso.

3.13. Otra de las opciones más populares es la zona del norte. Dependiendo del itininerario nos podemos encontrar zonas como Países Bajos, Gran Bretaña, Dinamarca, Francia o Bélgica. Se trata de:

a) Crucero por el Mar de Asia.

b) Crucero por el Caribe.

c) Crucero por los fiordos.

d) No responde a un itinerario de crucero, sino de tren.

3.14. Es un sistema que permite el contacto entre proveedores de servicios de turismo con las agencias de viajes que venden al consumidor final, todo ello en tiempo real. Se trata de:

a) Sistema global de distribución.

b) Central de reservas.

c) Agencias receptoras.

d) Agencias emisoras.

3.15. El *Transcantábrico* es un ejemplo de:

a) Tren turístico.

b) Crucero fluvial.

c) Crucero marítimo.

d) *Fly-drive.*

4. Otros elementos y componentes de los viajes combinados, excursiones o traslados

Contenido

Se entiende por viaje combinado la combinación previa de servicios vendidos u ofrecidos a la venta por un precio global, este debe ser más de veinticuatro horas o incluya una noche. Como hemos comentado en el punto anterior, este producto turístico debe contener como mínimo el transporte y el alojamiento, no obstante, existen otra serie de servicios complementarios incluidos dentro de esta oferta.

A lo largo de esta unidad, repasaramos aquellos servicios accesorios que pueden ser demandados o no por un turista o grupo de turistas para utilizar una vez en el destino, y que suelen partir de la necesidad de realizar excursiones o visitas, estos pueden ser:

- Uso de autocar.

- Alquiler de vehículos con o sin conductor.

- Guía turístico.

- Seguros de viajes.

4.1. El transporte discrecional en autocar. Relaciones. Tarifas. Contrastes. Normativa

Dentro de los servicios que oferta el servicio de autocar, nos podemos encontrar tres tipos: las líneas regulares, las líneas discrecionales y los autobuses turísticos.

Los servicios discrecionales son aquellos servicios que se contratan por un grupo. No tienen establecida la ruta, ni el calendario ni el horario, como puede ocurrir con las líneas regulares, que presentan su información de forma pública, sino que estos datos se pactan con la agencia de viajes para sus clientes.

La forma de tarifar los servicios discrecionales se realiza a través de:

- Precio por kilómetro diario. Se establecerá un mínimo de kilometraje al día.

- Tipo de recorrido. Por ejemplo, se suele incrementar entre un 10 % y un 20 % el transporte urbano respecto al realizado por autopista o autovía. Así como se tiende a descontar por los recorridos que se hacen sin pasajeros.

- El conductor/a. Se incluyen en concepto las dietas/manutención. Recordemos que, en algunos lugares, la propina viene implícita.

Respecto a la normativa en materia de transporte por carretera, conviene destacar una serie de epígrafes, en relación a la mesa del turismo.

- Transporte de viajeros por FERROCARRIL, por CARRETERA y por CABLE, cuyo itinerario se desarrolle íntegramente en el territorio de la comunidad autónoma:

competencia exclusiva absoluta de las comunidades autónomas (art. 148.1.5ª, Constitución española).

- Transporte de viajeros por CARRETERA y por CABLE, cuyo itinerario se desarrolle por más de una comunidad autónoma: competencia exclusiva LIMITADA del Estado.
- Transporte URBANO de viajeros por carretera y por vía férrea (ferrocarril o metropolitano), cuyo itinerario se desarrolle íntegramente en el interior del casco urbano de las ciudades: competencia de los entes locales (sin perjuicio de las funciones de coordinación de los transportes interurbanos, que corresponde a la comunidad autónoma).

La Ley de Ordenación de los Transportes Terrestres dedica su Capítulo VI a los denominados «transportes turísticos», definiéndolos como *los que, tengan o no carácter periódico, se prestan a través de las agencias de viaje conjuntamente con otros servicios complementarios tales como los de alojamiento, manutención, guía turística, etcétera, para satisfacer de una manera general las necesidades de las personas que realizan desplazamientos relacionados con actividades recreativas, culturales, de ocio, u otros motivos coyunturales, y añadiendo que los transportes turísticos podrán realizarse con reiteración o no de itinerario, calendario y horario, pudiendo hacerse la contratación con la agencia de viajes de forma individual o por asiento, o por la capacidad total del vehículo.*

Los elementos caracterizadores son, en primer lugar, la contratación por medio de una agencia de viajes, y la prestación, aparte del servicio de transporte (desplazamiento del viajero de un lugar a otro) de otros servicios complementarios (alojamiento, manutención, guía turística, etc.) como parte integrante de un paquete. En ningún caso se le considerará como una clase de transporte aparte y está sujeto a las mismas reglas que el resto de los transportes, ha de contar con la correspondiente autorización administrativa de carácter general que le faculte para la realización de transporte regular o discrecional.

4.2. El alquiler de automóviles con y sin conductor. Tarifas. Seguros. Procedimientos de reservas. Bonos y boletines de presentación. El viaje combinado *fly-drive*

Las empresas de alquiler de coches suelen pertenecer a grupos empresariales privados, esto supone que las condiciones de reserva tengan peculiaridades propias, en líneas generales podemos decir que se piden las siguientes condiciones, en primer lugar, puede alquilar un coche cualquier persona que tenga capacidad física y jurídica para suscribir un contrato de alquiler y aceptar la responsabilidad que esto conlleva. Por tanto, el contrato será aplicable en razón de gastos a la persona titular de dicho contrato y al conductor o conductores específicamente indicados en dicho contrato.

El proceso de alquiler de un automóvil supone los siguientes términos:

- Mayor de edad que pueda aportar documento identificativo.

- Carnet de conducir en vigor (o permiso especial, dado que algunos países exigen su propio carnet de conducir).

- Tarjeta de crédito en vigor que sirva de aval para el contrato.

La agencia de viajes puede realizar la reserva de vehículos con o sin conductor, para ello efectúa la reserva y emite al cliente un bono de presentación (*Travel Referral*). El cliente corre con todos los gastos generados por el alquiler. La comisión correspondiente del alquiler se abonará a la agencia de viajes a la finalización del alquiler. Para poder operar con una cuenta de bonos de presentación, la agencia deberá haber suscrito el correspondiente contrato de apertura de cuenta.

Respecto al seguro que ocasiona el alquiler de un vehículo, el titular es el responsable de los daños que se puedan ocasionar a terceros con él o incluso de los que pueda sufrir el propio conductor. Durante el tiempo en el que se dispone del coche, el usuario actúa como si fuera su propietario. Por ello, las empresas de alquiler de coche incluyen por defecto un seguro de coche a terceros para garantizar, como mínimo, su responsabilidad civil, tal y como fija la ley para todos los vehículos que circulan por el territorio español, sean propios o arrendados. Las empresas están obligadas a incluir en el precio del alquiler un seguro básico para su flota. Sin embargo, a esta cobertura se puede añadir la garantía de daños al vehículo, de protección contra robo o de lunas, entre otras. Todo dependerá de la cuantía que la persona que lo alquile esté dispuesta a pagar por su protección.

Hay viajes alternativos que se diferencian por los servicios que incluyen a partir de la oferta especial con destinos inéditos, o el desarrollo diferenciado del viaje con énfasis en jóvenes que les gusta asumir mayor riesgo y experimentar aventuras diferentes bajo mayor riesgo. Dentro de esta categoría se encuentran, por ejemplo, los viajes de aventuras, *trekking,* vacaciones activas. Un tipo de viaje de características particulares es el viaje combinado *Fly-drive* (vuela y conduce).

Es un tipo de paquete turístico que incluye normalmente vuelo aéreo de ida y vuelta y, además, un coche de alquiler a través de una ruta propuesta en la que están disponibles alojamientos.

4.3. Los cruceros marítimos y fluviales y sus características. Tipos. Tarifas. Prestaciones. Reservas

El turismo de cruceros es una actividad que se realiza a bordo de un barco o buque y cuenta con todos los servicios similares a los de un gran hotel. Se puede englobar dentro del concepto de *resort* a nivel de facilidades. Los itinerarios que recorren normalmente son de tipo circular e incluyen paradas en lugares turísticos interesantes. Existen dos vertientes de la modalidad de cruceros:

a) Cruceros fluviales

Se desarrollan a través de ríos que, por sus características, son navegables, por ejemplo: Danubio, Rin, Amazonas o la vertiente portuguesa del Duero. A diferencia de los marítimos, la oferta es mucho más limitada.

b) Marítimos

Se desarrollan a través de diferentes mares, que suelen corresponder a una zona concreta. Un ejemplo es el mar Mediterráneo, en el que podemos encontrar itinerarios como:

Hay distintos itinerarios entre los que destacamos los siguientes del mar mediterráneo: el mar Negro, las islas griegas, la zona de Italia, etc.

Este tipo de circuitos tienen una duración mínima de una semana, a bordo, el viajero puede disfrutar de todos los servicios que incluye un *resort* como pueden ser: animación, restauración, deportes, piscinas, tiendas, etc.

El proceso de reserva de un crucero es muy simple y similar a los tratados en puntos anteriores; incluye:

• Asesoramiento personalizado por parte de la agencia. No debemos olvidar las características de los viajeros y sus preferencias.

• Una vez se han presentado los diferentes presupuestos posibles adecuados a las fechas, recorrido y características, se procede a la apertura de expediente del viajero para iniciar la reserva. Gracias a los GDS, las agencias disponen de un control a tiempo real de las vacantes disponibles por parte de las empresas que ofertan cruceros.

• Completar el formulario de reserva. En el documento procedemos a rellenar los datos característicos del servicio contratado (fechas, tipo de camarote, régimen de estancia, etc.) y los datos personales del viajero o viajeros. Es común que se incluya la modalidad de pago.

• Envío al cliente de la documentación final de reserva. Esto incluye:

— Datos de nuestra agencia.

- Datos personales de la persona que reserva.

- Número de localizador de la operación.

- Dirección de contacto.

- Teléfono/s de contacto.

- *E-mail.*

- Desglose de presupuesto: categoría, cubierta, cantidad, tarifas, seguro, totales, *pack* extras, pagos a efectuar o efectuados y fechas.

- Detalles del camarote.

- Detalles de servicios complementarios.

- Expedición del bono. Este documento sirve para demostrar la contratación del servicio en cuestión y debe presentarse.

Respecto a las tarifas, cada compañía tiene fijadas unas propias que varían en función del tipo de barco, tipo de recorrido, tipo de alojamiento y las fechas del circuito. No obstante, nos podemos encontrar con descuentos especiales dependiendo del colectivo, como pueden ser niños o grupos.

4.4. Los servicios de acompañamiento y asistencia turística. El servicio de guía turístico

Otro de los componentes de los viajes combinados que nos podemos encontrar es el servicio de excursiones o visitas. El intermediario debe conocer las características e intenciones de los viajeros, ya que se suelen combinar el aprovechamiento del tiempo libre con la visita en destino de recursos y atractivos locales.

La figura de guía turístico es el responsable de la recepción y conducción de turistas o excursionistas, independientemente de que sean nacionales o extranjeros. Este tipo de servicios pueden contratarse a través de la propia agencia o bien en destino; cada vez son más las empresas sitas en hoteles que ofrecen estos servicios a los titulares de alojamiento.

Existen varias modalidades de guía:

- Guías fijos (públicos, privados u oficiales) son los que se limitan a servir en determinados sitios como monumentos, museos, centros de interpretación, etc. Cada vez más se sustituyen por sistemas de transmisión por grabación.

- Guías informadores/intérpretes, cuya tarea se limita a visitar locales e informar en el idioma nativo, por lo que pueden o no conocer otros idiomas.

- Guías-conductos son los que además de conducir el transporte contratado proporcionan la información turística correspondiente a cada lugar visitado.

La obtención del carnet de guía oficial está regulada en cada comunidad autónoma dentro de España. De forma habitual, se convoca a examen para su obtención, en el cual se exige al guía una serie de conocimientos sobre turismo: recursos, patrimonio e idiomas.

4.5. Los seguros de viaje y los contratos de asistencia en viaje. Gestión de visados y otra documentación requerida para los viajes

Cuando el turista viaja, es inevitable que se pueda producir algún tipo de contratiempo, ya sean robos, retrasos, pérdidas de equipaje, enfermedades, etc. Para la protección contra posibles contingencias, la agencia ofrece la consideración de un seguro de viajes.

Un seguro de viajes es un contrato (póliza) por el cual el asegurador, mediante el pago de una determinada cantidad (prima), se obliga frente al asegurado a la entrega de una indemnización en caso de que se produzca el suceso contratado (siniestro), siempre dentro de los límites pactados.

Actualmente existen en el mercado multitud de compañías con las que contratar un seguro, y, de acuerdo a sus políticas, podemos encontrar diversos tipos de coberturas. Las más habituales son:

- Asistencia a personas

  Cubre los gastos médicos (quirúrgicos, farmacéuticos y de hospitalización) que se produzcan en el viaje. Además, cubre los gastos anexos a los médicos, como por ejemplo: la prolongación de estancia por enfermedad, repatriación, transporte y manutención de acompañantes, etc.

  Otro de los conceptos que puede incluirse como un tipo de cobertura aparte es el seguro de accidentes, que presta indemnización frente a invalidez o incluso muerte.

- Equipajes

  Cubre en caso de robo, pérdida del equipaje, demora en la entrega, vertida de documentos de viaje, así como gastos anexos de esos primeros supuestos, como puede ser, por ejemplo, la compra de artículos de primera necesidad por la pérdida de la maleta.

- Demoras y anulaciones

  Se incluyen los retrasos derivados del medio de transporte, las anulaciones o el *overbooking*.

- Responsabilidad civil

  Incluye las indemnizaciones pecuniarias y los gastos de tipo judicial.

Entre los estados miembros de la UE, existe libre circulación de mercancías y personas, esto significa que en vuelos nacionales y comunitarios basta con el DNI o el pasaporte. Sin embargo, determinados países exigen la presentación de otros documentos para entrar, como por ejemplo: visados, certificados de sanidad, etc. La documentación necesaria dependerá de los acuerdos o tratados internacionales. Todos los requisitos de documentación para viajar a un determinado país se encuentran recogidos en la página web del Ministerio de Asuntos Exteriores, Unión Europea y Cooperación: www.exteriores.gob.es, que cuenta con una sección de atención al ciudadano.

Los documentos más significativos que maneja un turista son los siguientes:

- DNI

  El documento nacional de identidad actualmente ha sido sustituido por su versión electrónica acredita de forma significativa los datos del titular y su nacionalidad española. Como se ha mencionado, sirve como documento único de tranporte en los países de la UE.

- Pasaporte

  Documento identificativo a nivel internacional que acredita los datos y nacionalidad del portador. Es recomendable tenerlo siempre en vigor. Hay dos tipos de pasaporte, el ordinario, que es el de uso común, y el especial, que sirve para acreditar situaciones especiales, como por ejemplo, que el portador sea un embajador.

- Visado

  Este documento, también conocido como visa, es un endoso para el pasaporte que permite el ingreso en un país durante un tiempo determinado. No es lo mismo que el pasaporte ni lo sustituye. El primero lo emite el propio país del viajero, mientras que el visado hay que solicitarlo en el consulado del país de destino. Existen varios formatos de visado:

  — Tránsito: permite el paso de viajeros temporalmente por un territorio de camino al destino final.

— Estancia: es el visado turístico propiamente dicho. Habilita para una estancia de tipo temporal.

— Residencia: autoriza a vivir en un país, pero sin el ejercicio profesional.

— Trabajo: habilita durante un tiempo determinado al ejercicio profesional.

— Estudios: habilita a permanecer en el desatino durante el tiempo que duren los estudios.

- La carta de vacunación

La OMS ha creado el Certificado Internacional de Vacunación o Profilaxis, que muestra que el turista ha sido vacunado contra diversas enfermedades. En España, este documento, así como las vacunas, depende de los Centros Internacionales de Vacunación. Esta acreditación es necesaria por los requisitos en materia de salud que pueda tener un país concreto.

AUTOEVALUACIÓN

4.1. El documento internacional que acredita que el viajero está vacunado y protegido contra enfermedades que se puedan encontrar en destino es:

a) Carta de Vacunación.

b) DNI.

c) Tarjeta Sanitaria.

d) A y C son correctas.

4.2. La visa de _____ permite el paso de viajeros temporalmente por un territorio de camino al destino final.

a) Tránsito.

b) Trabajo.

c) Estancia.

d) Residencia.

4.3. Es un documento identificativo a nivel internacional que acredita los datos y nacionalidad del portador.

a) DNI.

b) Pasaporte.

c) Carta verde.

d) Carta de vacunación.

4.4. Son los que se limitan a servir en determinados sitios como monumentos, museos, centros de interpretación.

a) Guía conductor.

b) Guía intérprete.

c) Guía informador.

d) Ninguno de los anteriores.

4.5. Es un tipo de paquete turístico que incluye normalmente vuelo aéreo de ida y vuelta y, además, un coche de alquiler a través de una ruta propuesta en la que están disponibles alojamientos.

a) *Drive experience.*

b) *Flye.*

c) Crucero.

d) *Fly-drive.*

4.6. Respecto al seguro que ocasiona el alquiler de un vehículo, el titular no es el responsable de los daños que se puedan ocasionar a terceros con él o incluso de los que pueda sufrir el propio conductor. Esto es:

a) Verdadero.

b) Falso.

4.7. ¿Cuál de los siguientes conceptos NO hay que tener en cuenta dentro de la forma de tarifar servicios discrecionales?

a) Kilometraje.

b) Paradas.

c) Servicios del conductor.

d) Tipo de recorrido.

4.8. Este tipo de servicio no tiene establecida la ruta, el calendario ni el horario.

a) Discrecionales.

b) Regulares.

c) Turísticos.

d) Lanzaderas.

4.9. Un seguro de viajes es un contrato (póliza) por el cual el asegurador, mediante el pago de una determinada cantidad (prima), se obliga frente al asegurado a la entrega de una indemnización en caso de que se produzca el suceso contratado (siniestro), siempre dentro de los límites pactados. Esto es:

a) Verdadero.

b) Falso.

4.10. El documento nacional de identidad, actualmente sustituido por su versión electrónica, acredita de forma significativa los datos del titular y su nacionalidad española.

a) Pasaporte.

b) Padrón.

c) DNI.

d) Certificado de nacimiento.

4.11. Entre los Estados miembros de la UE, existe libre circulación de mercancías y personas, esto significa que en vuelos nacionales y comunitarios basta con el DNI o el pasaporte. Esto es:

a) Verdadero.

b) Falso.

4.12. Al suceso contratado en un seguro de viajes se le llama:

a) Póliza.

b) Prima.

c) Siniestro.

d) Tranquilidad.

4.13. ¿Se considera, según la ley, el transporte turístico como un tipo de transporte?

a) No, no existe ninguna regulación al respecto.

b) Sí, en cualquier caso.

c) No, tiene la misma categoría que cualquier tipo de transporte.

d) Ninguna de las anteriores.

4.14. Transporte de viajeros por FERROCARRIL, por CARRETERA y por CABLE, cuyo itinerario se desarrolle íntegramente en el territorio de la comunidad autónoma, ¿quién tiene la competencia?

a) La propia comunidad autónoma.

b) El Estado,

c) El Rey.

d) Ninguna de las anteriores.

4.15. El intermediario debe conocer las características e intenciones de los viajeros, ya que se suele combinar el aprovechamiento del tiempo libre con la visita en destino de recursos y atractivos locales. Esto es:

a) Verdadero.

b) Falso.

5. Principales destinos turísticos nacionales

Contenido

España, tal y como podemos observar en los datos referentes a la OMT o el Ministerio de Industria, Comercio y Turismo, es líder en el sector receptor de turistas, esto se debe a su enclave privilegiado en el Mediterráneo y la variedad de accidentes geográficos. España posee un relieve que, junto a la influencia del mar, da la opción a los turistas de disfrutar de diferentes tipos de productos turísticos según la época del año y los gustos.

A lo largo de esta unidad, daremos un repaso por los principales destinos turísticos en España según los productos turísticos, así como, las características de su demanda.

5.1. Turismo de sol y playa

Si hay un producto en España que ha perdurado a lo largo de la historia, tanto en el mercado interno como en el exterior, es el de sol y playa. La influencia del mar Mediterráneo posibilita el disfrute de un clima agradable y playas en calma, sin olvidar de la zona del Atlántico y Cantábrico con playas salvajes y accidentadas. Todo esto está unido a las actividades complementarias.

5.1.1. El producto sol y playa

Es el producto clásico por excelencia dentro del turismo. Fue el pionero cuando comenzó la expansión económica y los cambios socioculturales a partir de la Revolución Industrial. Es un producto basado en el buen clima y el disfrute del mar, aunque actualmente viene de la mano de productos complementarios como experiencias o animación. Sigue generando un gran volumen de demanda y muchos destinos ya son clásicos o se encuentran en una fase de madurez dentro del ciclo de vida del producto. La oferta viene de la mano de paquetes turísticos y del turismo de masas.

5.1.2. Análisis del turista de sol y playa

El turista de sol y playa está condicionado por el clima y las temperaturas, por tanto, variará su destino en función de las mismas. Este tipo de turismo responde a la necesidad de evasión, descanso y ocio, pues se puede complementar con otro tipo de productos turísticos, como son: turismo urbano, de compras, deportes, nocturno, etc.

Los consumidores intentan cordinar los periodos laborales de descanso y las temporadas de baños. Es común la concurrencia de extranjeros y españoles en España. La tipologia de edades que nos podemos encontrar es:

- Jubilados/as que alternan su estancia en un lugar de mar con su domicilio habitual. Aprovechan la disponibilidad de tiempo para optar a mejores precios y ofertas.

- Familias. Es un tipo de turismo apto para todo el mundo y que, dentro del territorio nacional, suele implicar menores distancias.

- Jóvenes. Alternan con producto nocturno.

- Paquete incluido. Son personas de poder adquisitivo alto/medio que buscan algo organizado para disfrutar de los días de descanso laboral.

5.1.3. Las costas y playas españolas

En España, los destinos de sol y playa por excelencia son: islas Baleares, Canarias y la costa del mar Mediterráneo, debido a sus condiciones climáticas. En primer lugar, señalar que España tiene más de 3600 kilómetros de costa, repartidos entre la península y las islas. A continuación vamos a nombrar las costas más destacables de España y sus playas más características:

Mar Mediterráneo

Es la zona turística por excelencia en materia de producto de sol y playa. Miles de turistas llegan a esta zona para disfrutar de sus aguas templadas, sin apenas oleaje y temperaturas agradables.

- Costa Brava: es abrupta combinada con playas y calas rodeadas de vegetación. Su conformación es idónea para la práctica de deportes náuticos. Abarca toda la provincia de Girona, desde Portbou a Blanes. Destacan las localidades de Tossa del Mar, Lloret, Platja d'Aro o Cadaqués.

- Costa Dorada: abarca desde Blanes a Les Cases de Alcanar. Se distinguen tres subcostas en las que destacan como producto turístico una serie de zonas:

    — Costa del Maresme:

        – Malgrat de Mar.

        – Calella.

        – Pineda de Mar.

        – Mataró.

        – Premià de Mar.

        – El Masnou.

        – Badalona.

    — Costa del Garraf:

        – L'Hospitalet de Llobregat

        – Castelldefels.

        – Sitges.

        – Villanueva y Geltrú.

        – Cubellas.

    — Costa Dorada:

        – Cunit.

        – Calafell.

        – Torredembarra.

        – Altafulla.

        – Tarragona.

- Salou.

- Cambrils.

- Alcanar.

— Costa del Azahar: abarca desde el golfo de Valencia hasta Gandía. Es la costa del mar Balear y está constituida por lugares emblemáticos como:

- Peñíscola.

- Torreblanca.

- Oropesa del Mar.

- Benicasim.

- Castellón de la Plana.

- Burriana.

- Chilches.

- Valencia.

- Cullera.

- Gandía.

- Denia.

- Jávea.

— Costa Blanca: es la costa de Alicante, abarca desde Denia hasta Torrevieja. Destaca:

- Vergel, Denia, Jávea.

- Calpe.

- Altea.

- Alfaz del Pi.

- Benidorm.

- Villajoyosa.

- Campello.

- San Juan de Alicante.

- Alicante.

- Santa Pola.

- Guardamar del Segura.

- Torrevieja.

- San Javier.

- Los Alcázares.

- La Manga del Mar Menor.

— Costa Cálida: es la costa de Murcia, desde San Pedro del Pintar hasta Águilas. Destaca:

- Cartagena.

- Puerto de Mazarrón.

- Cope.

- Garrucha.

- Carboneras.

— Costa de Almería: la provincia de Almería, desde Invencible hasta Adra. Destaca:

- Cabo de Gata.

- Almería.

- Roquetas de Mar.

- Almerimar.

- Adra.

— Costa del Sol: va desde Pozuelo, en Granada, hasta Tarifa, en Cádiz. Destaca:

- Nerja.

- Algarrobo Costa.

- Torrox Costa.

- Torre del Mar.

- Rincón de la Victoria.

- Málaga.

- Torremolinos.

- Benalmádena Costa.

- Fuengirola.

- Mijas Costa.

- Marbella.

- San Pedro Alcántara.

- Estepona.

- Casares Costa.

- San Luis de Sabinillas.

- Torreguadiaro.

- Sotogrande.

- La Alcaidesa.

- La Línea de la Concepción.

- Puente Mayorga.

- Palmones.

- Algeciras.

Océano Atlántico (y parte del Cantábrico)

Esta zona presenta aguas más frías con un oleaje mucho más intenso y temperaturas más frías.

- Costa de la Luz: incluye el resto de la provincia de Cádiz hasta Isla Cristina. Destaca:

  — Tarifa.

  — Zahara de los Atunes.

  — Los Caños de Meca.

  — El Palmar.

  — Conil de la Frontera.

  — Sancti-Petri.

  — San Fernando.

  — Cádiz.

  — El Puerto de Santa María.

  — Chipiona.

- — Sanlúcar de Barrameda.

- — Palos de la Frontera.

- — Huelva.

- — Punta Umbría.

- — El Rompido.

- — La Antilla.

- — Islantilla.

- — Isla Cristina.

- — Isla Canela.

- — Ayamonte.

- **Rías Baixas:** es la costa de Pontevedra y del extremo sur de A Coruña. Destaca:

  - — La Guardia.

  - — Bayona.

  - — Vigo.

  - — Cangas.

  - — Bueu.

  - — Marín.

  - — Pontevedra.

  - — Sanxenxo.

  - — El Grove.

  - — Cambados.

  - — Villanueva de Arosa.

  - — Villagarcía de Arosa.

  - — Noya.

  - — Finisterre.

- **Rías Altas:** incluye el resto de la costa de A Coruña y en ella se distingue:

  - — Mugía.

  - — Camariñas.

  - — La Coruña.

- — Betanzos.

- — Ferrol.

- — Cedeira.

- — Ortigueira.

- — Vivero.

- — Foz.

- — Barreiros.

- — Ribadeo.

- Costa Verde: la del Cantábrico, va desde Ribadeo a Hondarribia.

  - — Luarca.

  - — Avilés.

  - — Luanco.

  - — Candás.

  - — Gijón.

  - — Villaviciosa.

  - — Ribadesella.

  - — Llanes.

  - — San Vicente de la Barquera.

  - — Comillas.

  - — Suances.

  - — Santander.

  - — Santoña.

  - — Laredo.

  - — Castro Urdiales.

  - — Mundaca.

5.2. Turismo de naturaleza y turismo activo

También conocido como turismo geográfico o de base geográfica, es un tipo de producto muy ligado al entorno natural.

5.2.1. Ecoturismo. Turismo rural

El ecoturismo, aparte de las acepciones del turismo de naturaleza, supone un grado de concienciación en cuanto a la importancia de conservar el medio natural y respetar los ecosistemas, por ello, una de las tendencias más importantes reside en generar actitudes socialmente responsables o crear un tipo de turismo sostenible.

El turismo ecológico o ecoturismo es, por tanto, aquel que se desarrolla sin dañar el entorno en el que está emplazado el producto y evitando daños al medio ambiente. Además, cuenta con una serie de productos asociados, que incluyen siempre el disfrute de la naturaleza: senderismo, rutas a caballo, ciclismo de montaña, *trekking,* etc.

5.2.2. Los parques nacionales y naturales

Este tipo de turismo se centra en la visita de naturaleza protegida, lo que nos deja con los catorce parques nacionales que tenemos en España.

Tabla 6. Tabla extraída de la web oficial de Parques Nacionales		
Parque nacional	**Provincia**	**Principales ecosistemas**
Picos de Europa	Asturias, León, Cantabria	**Alta montaña atlántica:** geomorfología glaciar y kárstica, bosques de frondosas y praderío.
Ordesa y Monte Perdido	Huesca	**Alta montaña atlántica:** glaciarismo y geomorfología glaciar, kárstica y fluvial, bosques de coníferas y frondosas.
Cañadas del Teide	Tenerife	**Volcánico-macaronésica:** geomorfología volcánica (cañadas, *malpaíses...*), endemismos, matorral canario de alta montaña.
Caldera de Taburiente	La Palma	**Volcánico-macaronésica:** caldera volcánica y erosiva, pinar canario, vegetación rupícola.
Aigüestortes y lago de San Mauricio	Lérida	**Alta montaña atlántica:** glaciarismo, bosques de coníferas y frondosas, praderío alpino.
Doñana	Huelva, Sevilla	**Humedal:** marismas costeras, dunas móviles y vegetación sabulícola, pinares y alcornocales.
Tablas de Daimiel	Ciudad Real	**Humedal:** humedal interior, saladares y vegetación de ribera.
Timanfaya	Lanzarote	**Volcánico-macaronésica:** pahoehoe, conos de cínder y actividades geotérmicas, endemismos.

(Continúa en la siguiente página)

Tabla 6. Tabla extraída de la web oficial de Parques Nacionales		
Parque nacional	**Provincia**	**Principales ecosistemas**
Garajonay	La Gomera	**Volcánico-macaronésica:** barrancos, pitones fonolíticos, *roques,* laurisilva canaria.
Archipiélago de Cabrera	Islas Baleares	**Marítimo-terrestre***:* islotes rocosos, fondos marinos, matorral mediterráneo.
Cabañeros	Ciudad Real, Toledo	**Media-alta montaña mediterránea:** sierras, piedemonte y superficie de rañas, monte mediterráneo y de transición; matorral, formaciones herbáceas.
Sierra Nevada	Granada, Almería	**Media-alta montaña mediterránea:** huellas glaciares, periglaciarismo, pastos alpinos *(borreguiles),* bosques de quercíneas.
Islas atlánticas de Galicia	Pontevedra	**Marítimo-terrestre:** fondos marinos, aves endémicas.
Monfragüe	Cáceres	**Media-alta montaña mediterránea:** bosque y matorral mediterráneo, dehesas, roquedos y masas de agua.

5.2.3. Actividades terrestres, acuáticas, aéreas, mixtas y de multiaventura

El turismo activo está ligado a dos componentes muy importantes, por un lado, las actividades y, por otro lado, el medio natural o aire libre. En este sentido podemos entender que los turistas buscan encontrarse algo más que relax, y la práctica de actividades viene ligada a su forma de entender el tiempo libre.

Las actividades terrestres son aquellas que se realizan en tierra firme disfrutando del propio medio exterior o natural, las acuáticas son aquellas que se realizan utilizando el mar, el río o el lago como medio para su desarrollo, y las aéreas aquellas que implican el uso de un aparato volador. En el siguiente cuadro podemos ver las actividades más frecuentes en el turismo activo.

Tabla 7. Tipos de turismo activo según el medio de realización		
TERRESTRES	**ACUÁTICAS**	**AÉREAS**
• Alpinismo • Escalada • Espeleología • Rutas de montaña	• Piragüismo • *Rafting* • *Hidrospeed* • Buceo	• Paracaidismo • Parapente • Ultraligeros • Ala delta

(Continúa en la siguiente página)

Tabla 7. Tipos de turismo activo según el medio de realización		
TERRESTRES	**ACUÁTICAS**	**AÉREAS**
• Rutas a caballo • Rutas en *quad* o 4 × 4 • Barranquismo • Ciclismo o BTT • Esquí de travesía • Esquí de fondo • Raquetas • *Outdoor training* • *Paintball* • *Puenting* • Observación de fauna y flora	• Submarinismo • Surf • *Windsurf* o *kitesurf* • Motos acuáticas • Vela • Esquí acuático • Ruta fluvial	• Globos aeroestático • Vuelo en ultraligero • Panorámica en helicoptero

Tabla de elaboración propia.

Como podemos observar en la tabla anterior, algunas de las actividades tienen un componente mixto, es decir, su práctica puede darse en ambos medios. Para este tipo de actividades se utiliza el término de *actividades mixtas.* Un ejemplo puede ser la actividad de descenso de cañones, en la cual, los participantes realizan parte de la ruta a través de los caminos de una montaña y la otra parte por el agua, en los cañones de un río. Otro ejemplo puede ser el *flyboard,* una nueva modalidad de deporte acuático que consiste en el uso de una taba y la propia agua para impulsar a los participantes al aire y conseguir que vuelen durante unos segundos.

El término *multiaventura* quizás es el más utilizado dentro del turismo activo para hablar de cualquier actividad, pero el concepto hace referencia a una combinación de varias actividades de aventura. Este tipo de producto suele venir unido al turismo en grupo y es muy utilizado para empresas, despedidas de soltero, cumpleaños o celebraciones. Un ejemplo de esto sería un *pack* que incluye alojamiento, una actividad como una ruta de caballo por la mañana y descenso de cañones por la tarde.

5.2.4. Productos turísticos unidos a deportes de aventura y a deportes tradicionales

Existen numerosos productos turísticos relativos al deporte, vamos a repasar algunos de los más importantes del mercado. Los destinos que suelen ofrecer este tipo de productos suelen ser aquellos en los que se localiza el turismo verde o rural, y se desarrollan en el medio natural o como complemento a otro producto. Al igual que en el resto de casos barajados, recorda que en España cada una de las comunidades autónomas regula de forma propia la legislación relativa a turismo activo.

El golf

En 1891 se inauguró el Real Club de Golf, en Las Palmas de Gran Canaria. En 1914 se inauguró el golf en la península con el Real Club Puerta de Hierro de Madrid y comenzó la expansión.

La oferta española se compone de campos que cuentan con 60, 54, 36, 27, 18 y 9 hoyos. Asimismo, se pueden encontrar campos de par 3, campos rústicos y *pitch & putt*. Dentro de la Federación Española de Golf existen también entidades sin campo y canchas. En España hay alrededor de 560 clubs de golf.

El mayor crecimiento se ha registrado en las zonas de Andalucía, Canarias, Murcia, Galicia y Comunidad Valenciana. Esto se debe a que estas zonas son receptoras potentes de turismo nacional e internacional y ofrecen este deporte como complemento al producto de sol y playa, en el caso de las zonas costeras y, por el contrario, en el interior de la península, complementan la oferta de turismo rural y de gastronomía.

El turismo de nieve

El deporte de invierno por excelencia en España consiste en la práctica de actividades en la nieve, como pueden ser el esquí, el *snow* o las raquetas, etc. Contamos con varias instalaciones para practicar; estas son las más representativas:

En la Cordillera Cantábrica destacan:

- Valgrande-Pajares (Asturias).
- Fuentes de Invierno (Asturias).
- San Isidro (León).
- Alto Campoo (Cantabria).
- Lunada (Burgos).
- Manzaneda (Orense).

En los Pirineos:

- Astún (Huesca).
- Candanchú (Huesca).
- Formigal (Huesca).
- Panticosa (Huesca).
- Cerler (Huesca).

- Baqueira Beret (Lérida).
- Port Ainé (Lérida).

Sistema Central:

- Valdesquí (Comunidad de Madrid).
- Puerto de Navacerrada (Comunidad de Madrid).

Sistema Ibérico

- Valdezcaray (La Rioja).
- Valle del Sol (Burgos).
- Javalambre (Teruel).
- Valdelinares (Teruel).

Turismo cinegético

No todos los autores consideran la caza como un deporte, pero dentro de la clasificación general viene incluido como tal. La actividad consiste en el desplazamiento hasta lugares en los que esté permitida la caza, que se clasificará de diferente forma dependiendo del tamaño del animal.

- Caza mayor: jabalí, animales de gran tamaño.
- Caza menor: pequeñas piezas, como puede ser una perdiz.
- Caza acuática: patos u otras aves acuáticas.

Esta actividad está sujeta, por supuesto, a una normativa estricta en cuanto a permisos y licencias.

5.2.5. Análisis de la demanda

El consumidor de turismo de naturaleza y turismo activo presenta las siguientes características de acuerdo a su motivación principal, según el último estudio de *El turismo de naturaleza en España y su Plan de Impulso,* Subdirección General de Calidad e Innovación Turístico:

- Busca conocimiento activo de la naturaleza: escogen la naturaleza como un marco específico de interpretación de un recurso, algo que puede ocurrir, por ejemplo, con el turista cultural. En este caso, la naturaleza juega un papel de atracción. Responden a un perfil de gente de mediana edad sin distinción entre hombres y mujeres que buscan en este tipo de turismo relajarse y escapar de la rutina sin reducir su nivel de actividad.

Es una opción muy básica para la oferta de turismo familiar.

- Busca conocimiento y deporte: combinan un interés específico por conocer la naturaleza de forma dinámica. Suele responder a un perfil de gente joven/mediana edad, ligeramente superior en sexo masculino. Obviamente, en cuanto al nivel adquisitivo, tenemos que tener en cuenta la peculiaridad del deporte; el golf presenta unos registros más altos en cuanto a estatus.

5.3. Turismo cultural y religioso

El turismo cultural es una modalidad de producto que hace hincapié en aquellos aspectos culturales que oferta un determinado destino, ya sea un pueblo, una ciudad, una región o un país. En los últimos años ha cobrado cierta relevancia en aquellas zonas que han visto limitados otros tipos de productos, como, por ejemplo, puede ser el de sol y playa. Una de sus ventajas reside en que es menos estacional que otros, aunque, por otro lado, la tipología de consumidor se muestra más exigente.

España se presenta como un destino idoneo para este producto debido a la riqueza de su patrimonio histórico, artístico y monumental para turistas más exigentes.

5.3.1. Patrimonio cultural y religioso de España

El producto cultural se centra en la visita de lugares que destacan por su patrimonio. El turista busca conocer la historia y tradiciones de un destino a través de las diferentes manifestaciones que se pueden encontrar, y, por tanto, busca un enriquecimiento cultural. Los recursos culturales que podemos encontrar en un destino son:

- Recursos arqueológicos o yacimientos.
- Recursos asociados a personajes históricos.
- Recursos artísticos: museos, galerías, conciertos, teatros, etc.
- Recursos religiosos: iglesias, catedrales, abadías, conventos, monasterios, etc.
- Recursos arquitectónicos: castillos, palacios, fortalezas, etc.

El patrimonio se relaciona con la cultura, la identidad y la religión, pero también con el consumo de un producto de turismo. España es un país rico en tradición y cultura, con ciudades plagadas de cascos antiguos y monumentos y honras a diversas épocas históricas; en ese sentido, la religión católica presenta parte de los recursos tangibles e intangibles.

5.3.2. Destinos e itinerarios del producto cultural y religioso. Imagen y comercialización

Recursos arqueológicos

Engloba todos los lugares en los que se encuentran yacimientos antiguos y restos de periodos culturales anteriores. En España, se pueden observar tres periodos clave con sus respectivas representaciones:

- Prehistoria:
  - Conjunto de dólmenes de Álava.
  - Las cuevas de Altamira y Tito Bustillo con sus pinturas rupestres.
  - Gran Dolina (Atapuerca).
  - Fraga (Zaragoza).
  - El poblado talayótico de Trepucó (Menorca).
- Celtíbero (entre los siglos XI-VI a. C.):
  - Ullastret (Girona).
  - Castros celtas (A Guardia, Coaña, Meira y Grandas de Salime).
  - Necrópolis púnica de Puig des Molins (Ibiza).
- Romano:
  - Lugo: las murallas.
  - Mérida (Emerita Augusta): el teatro, el anfiteatro, el Museo Nacional de Arte Romano.
  - Cáceres: la Puerta de Cristo.
  - Tarragona (Tarraco): recinto monumental del pretorio y del circo, anfiteatro, foro, Puente del Diablo, Els Munts.
  - Empuries (Girona): Paliopolis y Neapolis.
  - Bolonia (Baelo Claudia-Cádiz): Museo Arqueológico.
  - Clunia (Burgos): el Foro.

— Las Médulas (León): la mina de oro romana.

— León: San Isidoro el Real, la catedral.

— Astorga: el Camino de la Plata.

— Segovia: el acueducto.

— Toledo: el circo, anfiteatro.

— Zaragoza: plaza de Seo.

Recursos artístico-monumentales

- Cultura islámica:

  Las ciudades más representativas de este arte son: Toledo (Cristo de la Luz); Córdoba (mezquita, palacio de Medina Azahara, baños árabes, los alminares); Sevilla (La Giralda, Reales Alcázares, Torre del Oro); Granada (La Alhambra y el Generalife) y Zaragoza (palacio de Aljafería).

- Románico y Prerománico:

  Santa María de Ripoll (Girona), catedral de Vic (Barcelona), catedral del Jaca, catedral de Santiago de Compostela, San Isidoro de León, San Miguel de Lillo y Santa María del Naranco (Oviedo).

- Gótico:

  Catedral de Burgos, catedral de León, catedral de Toledo, catedral de Salamanca, castillo Belver (Palma) y palacio del Infantado de Guadalajara.

- Renacimiento:

  Destacan las ciudades de Úbeda y Baeza. La Universidad de Salamanca, la Casa de las Conchas, palacio de Monterrey, convento de San Marcos de León, monasterio de El Escorial.

- Barroco:

  La fachada de Obradoiro de Santiago de Compostela, palacio Real en Madrid.

- Neoclasicismo:

  Puerta de Alcalá, La Cibeles, Neptuno y Museo del Prado (Madrid).

- Modernismo:

  La Sagrada Familia, la Pedrera, Palau Güell, Casa Milà (Barcelona).

Recursos religiosos

A parte de las iglesias y conventos, que se han construido en diferentes épocas, España, en materia de turismo religioso, vende tradición. Son numerosos los lugares que realizan peregrinaciones, desfiles o adoraciones. Estos recursos intangibles recogen las visitas artísticas unidas a la religión. Destacan sobre todo a gran nivel:

- El Camino de Santiago de Compostela.

- Las procesiones de Semana Santa, sobre todo en la zona de Andalucía.

- El Rocío.

Recursos gastronómicos y enológicos

La gastronomía española es otro recurso cultural importante debido a que es muy variada y rica. A pesar de estar cimentada sobre las bases de la dieta mediterránea, cada comunidad autónoma tiene sus peculiaridades interesantes:

- Cocina de Castilla y León

  El cordero (Aranda de Duero y alrededores) y cochinillo (Segovia). Las morcillas pueden elaborarse con arroz (morcilla de Burgos), con cebolla (morcilla de León) o dulces, como pueden encontrarse en algunos pueblos de Zamora. También destaca el botillo del Bierzo. Es también importante por su producción de vitivinícola, pudiendo encontrarse los vinos de Toro, los tintos de la Ribera del Duero, los blancos de Rueda y los claretes de Cigales, junto a otras denominaciones de origen entre las que sobresalen Tierra de León y Bierzo.

- Cocina de Andalucía

  De todos los platos de la cocina andaluza, el que le ha dado mayor fama internacional es el gazpacho. Destacan asimismo el flamenquín cordobés, la pringá, el rabo de toro y el pescaíto frito.

- Cocina de Castilla-La Mancha

  El queso manchego, el pisto o las migas con carne son algunas de sus delicias más destacadas.

- Cocina de Aragón

  El asado de ternasco (acompañado tan solo de ajo, sal y grasa de tocino), el cordero a la pastora (guiso en cazuela de cordero y patatas), las cabezas de cordero al horno y los espárragos montañeses (son las colas de las corderas dedicadas a la cría). Un plato muy conocido es el pollo al chilindrón, preparado también con cordero.

- Cocina de Extremadura

Los embutidos de cerdo ibérico son frecuentes, al igual que los guisos de cerdo, como la cachuela extremeña (guiso de chorizo, hígado y manteca de cerdo).

- Cocina de Cataluña

Es famosa entre los cocidos por la escudella y el pan con tomate *(pa amb tomàquet)*.

- Cocina de Galicia

Uno de los platos más nombrados es el caldo gallego, el pulpo *á feira*. También destaca el lacón con grelos, las empanadas gallegas con diversos rellenos, el ubicuo pulpo a la gallega, la vieiras (se preparan de muy diversas maneras), el centollo, las nécoras, los percebes, las zamburiñas, etcétera.

- Cocina de la Comunidad Valenciana

La paella valenciana (sin olvidar el arroz con costra de la vega baja del Segura, la moderna fideuá, ni el arroz a banda alicantino), el empedrado típico de Castellón, el arroz al horno y el arroz con alubias y nabos *(arrós en fesols y naps)*. También cuenta con una tradicional elaboración de turrón.

- Cocina de Murcia

El ajo murciano es reconocido, estando presente en las ensaladas y en diversos platos como el ajopringue (guiso con carne de cerdo, pan rallado y grasa) y salsas como el alioli o el ajo cabañil (para acompañar carnes).

- Cocina de Asturias

Uno de sus platos más conocidos es la fabada asturiana, que es el cocido tradicional de la región, elaborado con alubias blancas (en asturiano, *fabes*), embutidos como el chorizo y la morcilla, y con cerdo (todo ello denominado *compango*).

- Cocina de Navarra

Dos de sus platos bandera son la trucha a la navarra, por parte del pescado, y el cochifrito, por parte del cordero, aunque no hay que olvidar el cordero al chilindrón.

- Cocina de Madrid

Destacan el cocido madrileño, elaborado con garbanzos; los populares callos a la madrileña y la sopa de ajo.

- Cocina de Canarias

  Las papas arrugadas con su salsa de mojo.

- Cocina del País Vasco

  La porrusalda, que es un tipo de sopa vasca. El bacalao posee una gran tradición y se tiene en diversas preparaciones: al pilpil, a la vizcaína, frito, etcétera.

- Cocina de Cantabria

  Las rabas (calamares fritos), los sobaos pasiegos o las anchoas.

- Cocina de La Rioja

  Patatas a la riojana y las bodegas de vino.

- Cocina de Baleares

  La sobrasada.

Recursos etnográficos

Se basa en conocer la cultura de un lugar, entendiendo cultura como el conjunto de costumbres y tradiciones. Es muy popular en pueblos, aldeas o villas pequeñas, a través de sus museos de interpretación y centros etnográficos, apreciar cómo se hacían actividades cotidianas, oficios, construcción, etc.

5.3.3. Análisis de la demanda

El turista de tipo cultural es exigente y experto en el producto, suele reclamar actividades relacionadas con el patrimonio y cultura del destino. Suele ser de clase media-alta con poder adquisitivo e interés por descubrir los recursos. Esta tipología de turistas suele provenir de grandes urbes y aprovecha los periodos vacacionales para disfrutar de estas actividades.

Según el último análisis de OSTELEA, suelen moverse por las tradiciones de los países que visitan (celebraciones, festividades, cultura gastronómica, etc.), puesto que el viaje suele suponer una ocasión para el enriquecimiento personal.

Según las estadísticas pertenecientes al Ministerio de Educación, Cultura y Deporte en su *Anuario de Estadísticas Culturales,* nos encontramos que aunque el turismo cultural ha registrado un incremento en 2022, que se cifra en el 80,5 % para los viajes de residentes y en el 36,3 % para las entradas de turistas internacionales, si se compara con 2019 los descensos son del 49,5 % y del 69 % respectivamente.

Los resultados indican que el 12,4 % del total de viajes realizados en 2021 por ocio, recreo o vacaciones de los residentes en España fueron iniciados principalmente por motivos culturales, alcanzando el 17 % en el caso de las entradas de turistas internacionales. En conjunto, más de 13 millones de viajes en 2021 fueron movilizados por la cultura con un gasto total asociado de más de 8500 millones de euros.

En el 17,3 %, de los viajes de residentes en España se realizaron actividades culturales, cifra que alcanzó el 46,4 % entre las entradas de extranjeros.

5.4. Turismo profesional

En comparación con los productos del turismo tradicional, los negocios implican una parte más pequeña del sector, con diferentes motivaciones y restricciones adicionales de libertad de elección impuestas a través de las empresas que conciertan este tipo de viajes. Los destinos del turismo profesional son propensos a ser áreas más extensas y significativas a nivel industrial o comercial que disfruten de todo tipo de recursos y servicios que un turista profesional pueda necesitar: estaciones/aeropuertos principales, hoteles, auditorios, etc.

En el turismo profesional se desarrollan dos tipos de actividades, por un lado, todas aquellas que están directamente relacionadas con el trabajo, y, por otra, todas aquellas que el profesional realiza de forma anexa, como, por ejemplo, salir a comer, compras u ocio.

Según los últimos datos, España es un destino potencial de este producto.

5.4.1. Turismo profesional en España

Esta actividad implica el desplazamiento de viajeros por motivos de trabajo, por ejemplo, en el caso de una agencia de viajes sería cuando su operador se traslada al destino que venderá durante los próximos meses para comprender el producto y sus características.

Aún sumido en la recuperación pos-COVID-19, el turismo corporativo y de negocios ha crecido un 38 % en el primer trimestre de 2023 según un estudio elaborado por la empresa de soluciones de pago UniversalPay. Hay que tener en cuenta que la pandemia supuso la llegada de videoconferencias, eventos digitales y la anulación casi total de la presencialidad. Los últimos datos aportados por Turespaña confirman el liderazgo de España como destino de este tipo de eventos, superando a otros países como Francia, Alemania, Italia y Reino Unido. Además, tal y como refleja la información del Calendario Oficial de Ferias

Comerciales Internacionales del año 2023, en España hay programadas un total de 105 ferias internacionales. En 2019 se celebraron 94, otro dato que confirma la recuperación del sector.

Cabe destacar que los datos arrojados por el *Spain Convention Bureau* detallan que una cuarta parte de los turistas del mundo lo hacen por negocios, reuniones o congresos. En España el turismo de negocios genera 7000 millones de euros anuales. Conviene señalar, además, el poder adquisitivo de este tipo de turistas, así como que su gasto medio suele ser más elevado que el de los turistas que viajan por ocio. Según datos aportados por Ostelea, el primero gasta unos 206 euros diarios, mientras que el segundo unos 146 euros diarios.

5.4.2. Principales destinos del turismo profesional

Madrid y Barcelona son las dos ciudades europeas más demandadas por el segmento MICE en 2023, seguidas por Londres, París y Mánchester. Por otro lado, Madrid ha sido reconocida como el mejor destino MICE de Europa que es otro premio dirigido a las reuniones, incentivos, convenciones y ferias. Asimismo, ha sido el tercer año consecutivo que gana este certamen que mide los estándares de calidad y excelencia que forman parte del sector.

5.4.3. Análisis de la demanda del turismo profesional

Según el análisis presentado por el *Spain Convention Bureau* el 16 de marzo de 2023, el 2022 cierra con un impacto económico de la industria de reuniones en España de 10 435 millones de euros, un 35 % por encima de las previsiones. En este estudio pospandemia, se señala un incremento en el gasto turístico MICE de un 18 %, alcanzando casi las cifras antes del COVID. El número de turistas profesionales también ha crecido un 23,1 % respecto al año anterior, siendo casi 8 millones el número de personas que asistieron a reuniones y eventos en nuestro país el año pasado.

En lo que respecta a la demanda internacional, Alemania sigue representando el principal mercado emisor para nuestro país, con un volumen de negocio cercano a los 500 millones de euros y una cuota de mercado próxima al 10 %, seguido de: Reino Unido (9 %), Francia (8 %), los países del Benelux (7 %), Italia (6 %) y Portugal (5 %).

Por sectores, nos encontramos que el farmacéutico sigue siendo uno de los que mayor gasto realiza. Existen, sin embargo, mayores diferencias en torno a otros sectores, destacando por ejemplo en España e Italia el peso de las reuniones protagonizadas por el sector agroalimentario; el de la automoción y el de las finanzas en Alemania, el de la moda y la cosmética en Francia e Italia o el de los seguros y las finanzas en Reino Unido y Benelux.

Al igual que se analizaba respecto al sector cultura, el turista profesional busca un equilibrio entre conectividad, alojamiento e infraestructuras, orientándose entonces hacia una oferta experiencial personal.

Puedes encontrar más información sobre el estudio aquí: https://scb.es/wp-content/uploads/2023/03/Informe_Ejecutivo_Demanda_TurismoReuniones_2022.pdf

5.5. Turismo social y de salud

Este tipo de productos responden a dos sectores mucho más específicos que los anteriores y que tienen un fin para con el ser humano. Por un lado, el turismo social engloba todas las actividades encaminadas hacia una sociedad justa y sostenible, acercando el turismo a sectores menos favorecidos, como puede ser la tercera edad. Por otro lado, el turismo de salud encamina todos sus servicios hacia los tratamientos y curas que un turista puede recibir en función de las propiedades que posee un lugar (véase un balneario cercano a una playa) o bien por los profesionales que lo atienden.

5.5.1. Turismo de salud y belleza: aguas termales y balnearios

El turismo de salud se identifica con los productos relacionados con balnearios y aguas termales. Esta tipología se relaciona con épocas pasadas que veían en el agua poderes curativos y relajantes, véase el ejemplo de los romanos con las termas. No se trata de una oferta médica en exclusiva, sino que suele ofrecer actividades complementarias, pero sus fines son terapéuticos y relacionados con el bienestar físico de la persona que lo disfruta. Va más allá del turismo médico, las personas no vienen a curarse de dolencias, sino a prevenirlas y sentirse bien.

La Organización Mundial de la Salud entiende este tipo de turismo como un estado de completo bienestar físico, mental y social y no solamente la ausencia de afecciones o enfermedades. Según McKinsey & Company (2010), el turismo de salud se define como la exportación de servicios de salud enfocados en cuatro vertientes: curativa, preventiva, estética y de bienestar para conseguir un equilibrio.

Los recursos principales de los balnearios y spas son principalmente los tratamientos con agua (dulce o salada) y barros. En muchos casos, la aplicación depende del lugar en el que esté situado, por ejemplo, en la zona norte de Europa se utiliza mucho el contraste entre saunas calientes y baños fríos, y, por el contrario, los baños árabes o *hamman* utilizan aguas cálidas similares a las termas romanas.

5.5.2. Turismo social

Es un término relativamente nuevo que supone la creación de programas y ayudas para facilitar el acceso al turismo a determinados colectivos con menos recursos económicos. Estos programas varían dependiendo de la comunidad autónoma, e incluso de la provincia que los gestiones.

Un ejemplo se puede encontrar en las actividades que desarrolla el Imserso y se pueden consultar en su web www.imserso.es. A través de los servicios sociales y de igualdad, genera una serie de viajes al año para personas de la tercera edad a destinos turísticos por un precio por debajo del mercado. Para acceder a la solicitud de plaza hay que cumplir una serie de requisitos:

• Tener como mínimo 65 años.

• Ser español.

• Ser pensionistas de jubilación del Sistema Público de Pensiones; pensionistas de viudedad del Sistema Público de Pensiones cuya edad sea igual o superior a 55 años u otros pensionistas del Sistema Público de Pensiones y prejubilados, en ambos casos con 60 años cumplido.

5.5.3. Turismo de idiomas, temático y residencial

El turismo idiomático es una vertiente del turismo cultural que merece una categoría propia por su relevancia, que tiene como motivación el aprendizaje o perfeccionamiento de un idioma distinto al nativo en otro país. La OMT lo define como: *las actividades que realizan las personas durante sus viajes y estancias en lugares distintos a los de su entorno natural por un periodo de tiempo consecutivo inferior a un año, con el fin de hacer una inmersión lingüística en un idioma distinto al de su entorno natural*.

En los últimos años ha adquirido importancia debido al complemento que supone para cualquier nivel de estudios y al interés que suponen los atractivos de otra cultura por conocer. Este tipo de turismo es complementario a otros, ya que durante la estancia de un estudiante en un país, este tiende a conocer los recursos que lo conforman.

Inicialmente, este turismo estaba centrado en los meses de verano (junio-septiembre) como complemento al colegio o universidad, donde los estudiantes combinaban actividades deportivas con clases del idioma y excursiones. Ahora, los periodos de tiempo pasan a ser completos y no exclusivamente centrados en la educación.

Los principales destinos internacionales para aprender idiomas serían:

- Gran Bretaña, Estados Unidos o Malta para el inglés.

- España, Argentina o Chile para el español.

- Alemania para el alemán.

- Francia para el francés.

Existe otra modalidad denominada vivencial o residencial, que consiste en la convivencia con una familia en destino, con la que compartir su modo de vida diario, y supone una forma de comprender de cerca otra cultura. Este tipo de modalidad viene de la mano de programas como *au-pair,* que consisten en gente que busca a jóvenes para cuidado de niños y tareas del hogar a cambio de unos honorarios y manutención, o, por ejemplo, programas de voluntariado. En cualquiera de los casos, son estancias superiores a los tres meses y no llegan al límite del año.

El turismo temático hace referencia al colectivo que decide viajar según sus gustos y aficiones; entre ellos podríamos encontrar, por ejemplo, gente que viaja a La Rioja por su gusto por la enología y toda la organización del viaje gira en torno a ese tema.

5.5.4. Análisis de la demanda del turismo social y de salud

En primer lugar, respecto al turismo de salud, se sitúan como viajeros tradicionales que ya conocen el destino o bien se lo ha recomendado un prescriptor. De poder adquisitivo alto y pertenecientes a clase media-alta. Gente preocupada por su aspecto y con afán de cuidarse. Según el estudio realizado por el Ministerio de Industria, Comercio y Turismo en materia de salud, se establece que las motivaciones que tiene un turista de salud son:

- El tratamiento/servicio no está disponible en su lugar de origen.

- Posibilidad de realizar operaciones de financiación.

- Aspectos culturales: se percibe calidad y el país tiene registros similares en cuanto a usos y costumbres parecidos al de origen.

El turismo de salud se recupera ya que después de la pandemia se percibió una disminución significativa. En este sentido, los turistas que visitaron nuestro país por este motivo gastaron 1017 y 1082 euros, correspondientemente. Lo deseable sería volver a las mejores cifras registradas, que se sitúan en 2017 con un gasto medio de 1611 euros. Según los datos del INE en 2022 el incremento del gasto medio diario que llega a los 213 euros/día. Se trata de la cifra más alta alcanzada de los siete años de los que se tienen registro: 2021 (152 euros/día), 2020 (144 euros/día), 2019 (191 euros/días), 2018 (170 euros/días), 2017 (146 euros/días) y 2016 (187 euros/días). La duración media fue de 7,24 días, aún por debajo de la línea pre-COVID en 2019, que se situaba en 8,2 días.

Respecto al origen de estos turistas, los principales países emisores han sido Reino Unido (16 %), Alemania (11,7 %) y Francia (10 %). Mientras que las comunidades autónomas más visitadas han sido Canarias (32 %), Cataluña (17 %) y Madrid (15 %).

AUTOEVALUACIÓN

5.1. Es un perfil muy previsor en cuanto a la reserva de viajes y su poder adquisitivo es menor y la edad alta, periodo de madurez/vejez. Se trata de:

a) Turista de salud.

b) Turista social.

c) Turista cultural.

d) Turista activo.

5.2. Son viajeros tradicionales que ya conocen el destino o bien se lo ha recomendado un prescriptor. De poder adquisitivo alto y pertenecientes a clase media-alta.

a) Turista de salud.

b) Turista social.

c) Turista cultural.

d) Turista activo.

5.3. Esta modalidad consiste en la convivencia con una familia en destino con la que compartir su modo de vida diario, y supone una forma de comprender de cerca otra cultura. Se trata de:

a) Turismo activo.

b) Turismo rural.

c) Turismo vivencial.

d) Turismo social.

5.4. Según el estudio de Mckinsey, el 40 % de los turistas potenciales de salud busca tecnologías punteras a las que no accede en su país, mejor atención o evitar esperas. Esto es:

a) Verdadero.

b) Falso.

5.5. ¿Cuál de los siguientes destinos ha sido el más relevante en cuanto al turismo profesional o de negocios?

a) Cataluña.

b) Comunidad de Madrid.

c) Andalucía.

d) Principado de Asturias.

5.6. Las estancias en lugares distintos al de su entorno natural por un periodo de tiempo consecutivo inferior a un año, con el fin de hacer una inmersión lingüística en un idioma distinto al de su entorno natural, se denomina:

a) Turismo de idiomas.

b) Turismo de inmersión.

c) Turismo vivencial.

d) Ninguna de las anteriores.

5.7. Se basa en conocer la cultura de un lugar, es decir, sus costumbres y tradiciones. Hablamos de:

a) Recursos arquitectónicos.

b) Recursos patrimoniales.

c) Recursos enológicos.

d) Recursos etnográficos.

5.8. La porrusalda es un producto culinario típico de:

a) Navarra.

b) País Vasco.

c) Cantabria.

d) Castilla-La Mancha.

5.9. La fachada de Obradoiro de Santiago de Compostela es un recurso del:

a) Prerrománico.

b) Neoclasicismo.

c) Barroco.

d) Gótico.

5.10. La actividad de la caza pertenece a:

a) Turismo deportivo.

b) Turismo activo.

c) Turismo cinegético.

d) Ninguna de las anteriores.

5.11. La oferta española se compone de campos que cuentan con 60, 54, 36, 27, 18 y 9 hoyos. Asimismo, se pueden encontrar campos de par 3, campos rústicos y *pitch & putt.* Esto es:

a) Verdadero.

b) Falso.

5.12. El Parque Nacional de Picos de Europa pertenece a:

a) Principado de Asturias.

b) Comunidad de Madrid.

c) País Vasco.

d) Galicia.

5.13. ¿Cuál de las siguientes afirmaciones sobre el turismo de sol y playa NO es correcta?

a) Es atemporal.

b) Es complementario a otros productos turísticos.

c) Algunos grupos prefieren los paquetes combinados.

d) Uno de los grupos de consumidores pueden ser las familias.

5.14. El turismo ecológico o ecoturismo es aquel que se desarrolla sin dañar el entorno en el que está emplazado el producto y evitando daños al medio ambiente. Esto es:

a) Verdadero.

b) Falso.

5.15. Es la zona turística por excelencia en materia de producto de sol y playa. Miles de turistas llegan a esta zona para disfrutar de sus aguas templadas, sin apenas oleaje y temperaturas agradables. Se trata de:

a) Océano Blanco.

b) Mar Cantábrico.

c) Oceano Atlántico.

d) Mar Mediterráneo.

6. Principales destinos turísticos internacionales

Contenido

El turismo se ha convertido en uno de los principales actores a nivel mundial, tanto en el plano económico como en el social. Cada uno de los continentes representa una variedad geográfica y social que da lugar al desarrollo de diferentes productos turísticos, unos de ellos, populares a lo largo de la historia y otros en auge.

A lo largo de esta unidad, repasaremos las principales características de los continentes y los productos y destinos turísticos por excelencia.

6.1. Europa

6.1.1. Importancia y evolución del turismo en Europa

Ya en la Edad Antigua nos encontramos antecedentes del gusto por viajar de las personas. En la Grecia clásica se daba mucha importancia al tiempo libre que dedicaban a la cultura, religión y deporte. Los desplazamientos más destacados eran los que realizaban a la ciudad de Olimpia para asistir a los Juegos Olímpicos o peregrinaciones de tipo religioso como las de Delfos y de Dodona.

Durante el Imperio romano, los romanos frecuentaban aguas termales como las situadas en Caracalla y sentían adoración por los grandes espectáculos: teatros, circos, lucha y los desplazamientos a la costa. Todo esto fue posible por el desarrollo de vías de comunicación que hicieron entre ciudades y el periodo de paz que atravesaba el mundo.

Durante la Edad Media hay en un primer momento un inciso debido a la época de guerras que provoca la destrucción de ciudades y recursos, volviendo una situación social inestable e insegura. A pesar de esto, el auge de la religión hace que surja un tipo de viaje nuevo: la peregrinación religiosa que tanto el islam como el cristianismo fomentarían con el tiempo, véase el Camino de Santiago. La Meca o Tierra Santa.

A partir del sigo XVII se comienzan a asentar las bases del turismo moderno. En este punto, después de décadas de invasiones y guerras, la gente tenía miedo a viajar sola y comenzaron los viajes en grupo de forma masiva, que, con el desarrollo del ferrocarril, se convirtió en algo más asequible. Muchos historiadores señalan este incio en el *Grand Tour*, un itinerario de viaje por Europa que realizaban jóvenes aristócratas británicos al completar su formación. La idea era que, conociendo otros lugares, personas y costumbres, se convertirían en personas más abiertas, cultas y poderosas. Los recorridos eran muy variados, pero las paradas en Francia e Italia debido a su bagaje histórico y estar consideradas como cuna de la modernidad en el Renacimiento las convertían en algo obligatorio.

Con el siglo XIX se inicia una gran expansión económica, seguida de una revolución industrial, la mayor industria del mundo. Con la Revolución Industrial se consolida la clase social de la burguesía, que dispone de recursos económicos y tiempo libre para viajar. Con la llegada de la máquina de vapor, los transportes pasan de ser tirador por animales a convertirse en automáticos, lo que favorecerá el transporte, no solo de productos, sino también de personas.

Es en este punto, cuando comienza a diversificarse la actividad turística en sus grados de sol, montaña o salud y se construyen empresas de alojamiento. En 1841,Thomas Cook organiza el primer viaje organizado de la historia, el precedente del paquete turístico, y se dio cuenta de que esta actividad tenía rendimiento económico.

En 1850, Henry Wells y William Fargo fundaron American Express, que inicialmente se dedicaba al transporte de mercancías y que posteriormente se convirtió en una de las agencias más grandes del mundo.

Aunque Cook ya los había introducido, American Express extendió los sistemas de financiación y emisión de cheques de viaje, como por ejemplo el *traveler's cheque* (dinero personalizado canjeable por papel moneda de uso corriente que protege al viajero de posibles robos o pérdidas). En 1867 inventa el bono o váucher, documento que permite la utilización en hoteles de ciertos servicios contratados y prepagados a través de una agencia de viajes.

Se considera a César Ritz el padre de la hostelería moderna. Desde muy joven ocupó todos los puestos posibles de un hotel, hasta llegar a gerente de uno de los mejores hoteles de su tiempo. Mejoró todos los servicios del hotel: creó la figura del sumiller, introdujo el cuarto de baño en las habitaciones y revolucionó la administración hotelera. Ritz convirtió los hoteles decadentes en los mejores de Europa, por lo que le llamaban «mago».

Al estallar la Primera Guerra Mundial en el verano de 1914, se considera que había aproximadamente 150 000 turistas americanos en Europa. Tras finalizar la guerra, comenzó la fabricación en masa de autocares y automóviles. En esta época las playas y los ríos se convierten en el centro del turismo en Europa, comenzando a adquirir gran importancia el turismo de costa.

Tras la parada de desarrollo producida por el Crac de 1929 y la Primera Guerra Mundial, comienza a suceder la época conocida como el *boom turístico*. Con el nuevo orden internacional y la paz aparece la legislación y multitud de empresas de transporte, alojamiento e intermediarios. El turismo internacional crece a un ritmo superior de lo que lo había hecho en toda la historia. A partir de este momento, comienza un crecimiento que supone un punto importante en la agenda de todos los países, situando a Europa como el epicentro del turismo.

6.1.2. Las grandes ciudades europeas

Todas las grandes ciudades europeas tienen un bagaje histórico muy importante y destacan por ser auténticos recursos culturales vivientes, todas ellas poseen un trazado de plano irregular con un casco histórico central.

París

Es la capital de Francia y de la región de Isla de Francia. Está constituida en la única comuna unidepartamental de país, y, además, está situada a ambos márgenes de un largo meandro del río Sena, en el centro de la Cuenca parisina, entre la confluencia del río Marne y el Sena, aguas arriba, y el Oise y el Sena, aguas abajo.

La ciudad es el destino turístico más popular del mundo, con más de 42 millones de visitantes extranjeros por año. Cuenta con muchos de los monumentos más famosos y admirados del orbe: la Torre Eiffel, la catedral de Notre Dame, la avenida de los Campos Elíseos, el Arco de Triunfo, la basílica del Sacré Cœur, el ex Hospital de Los Inválidos, el Panteón, el Arco de la Defensa, la Ópera Garnier o el barrio de Montmartre, entre otros. También alberga instituciones de reconocimiento mundial: el Louvre (el museo más famoso y visitado del mundo), el Museo de Orsay y el Museo Nacional de Historia Natural de Francia.

Londres

Es la capital de Inglaterra y del Reino Unido. Está situada a orillas del río Támesis, en el sureste de la isla de Gran Bretaña. En ella se encuentran cuatro lugares distinguidos como Patrimonio de la Humanidad: la Torre de Londres, el asentamiento de Greenwich, el Real Jardín Botánico de Kew y el lugar comprendido por el Palacio de Westminster, Abadía de Westminster y la iglesia de Santa Margarita.

La población de Londres está formada por un amplio número de etnias, culturas, y religiones. La red de transporte público, administrada por Transport for London, es una de las más extensas del mundo, y el Aeropuerto Heathrow es el aeropuerto con mayor tráfico internacional por volumen de pasajeros de Europa.

Lugares de interés:

- Big Ben: reloj de las Casas del Parlamento.
- Puente de Londres: puente levadizo de estilo victoriano.
- London Eye: noria con vistas panorámicas de la ciudad.
- Picadilly Circus: punto de encuentro de la ciudad con carteles de neón y la fuente de Eros.
- Trafalgar Square: plaza construida para conmemorar la victoria en la batalla del mismo nombre. En el centro hay una estatua del almirante Nelson.
- Covent Garden: mercado con mucha animación.
- Chinatown.
- Torre de Londres.

- Buckingham Palace: residencia oficial del monarca británico en Londres. El cambio de guardia.

- Es una ciudad con una animada vida cultural, muchos musicales y conciertos.

Destacan como recintos el Royal Albert Hall o el Royal Nacional Theatre. Su parque más emblemático es Hyde Park.

Es un importante destino de compras destacando Oxford Street, el centro comercial de Harrod's y los mercadillos de Camdem y Portobello.

Si bien la gastronomía británica no es la más reputada del mundo, hay especialidades que hay que probar como el *fish and chips* o el *roastbeef*.

Roma

Capital del Imperio romano y de Italia, situada en la zona de Lazio. Es la ciudad con la más alta concentración de bienes históricos y arquitectónicos del mundo procedentes de la Edad Antigua, además, cuenta con una animada vida social y una rica gastronomía. Como puntos más emblemáticos destacan:

- El Vaticano, la plaza de San Pedro, rodeada de columnas, diseñada por Bernini, para dar paso a la iglesia de San Pedro, con su impresionante cúpula, ideada por Miguel Ángel; se puede subir a su cúpula, desde la que se divisa toda la ciudad.

- La plaza de España: la iglesia de Trinità dei Monti, desde allí, se disfruta de una de las mejores vistas de la ciudad. En esta zona se sitúan importantes centros de compras.

- Plaza Navona y sus fuentes diseñadas por Bernini, cercana a numerosos templos antiguos.

- El barrio Trastévere, de gran actividad por el día y la noche, con numerosas empresas de restauración.

- Campo dei Fiori.

- El Coliseo.

- Termas e iglesias como Trajano, de las primeras que se construyeron, o Caracalla.

Berlín

Capital y ciudad más poblada de Alemania. Lugares de interés:

- Praiser Platz.

- Puerta de Brandenburgo: símbolo de la ciudad.

- Alexanderplatz, donde encontramos entre otros edificios, el ayuntamiento.

- Catedral de Berlín.

- Torre de la Televisión, estructura más alta de Alemania, permite tener unas vistas impresionantes de la ciudad.

- Muro de Berlín, símbolo de la historia más reciente de Alemania. Y el Checkpoint Charlie.

- Monumento al Holocausto. Isla de los Museos.

- Jardín Botánico de Berlín.

Además, Berlín destaca por la calidad de sus restaurantes y su intensa vida cultural.

6.1.3. Destinos de costa

El mar Mediterráneo es el destino estrella de sol y playa; está conformado por los países de la costa sur de Europa. Esta zona agrupa países entre los cuales destacan desde el punto de vista turístico: Francia, España, Italia, Portugal, Grecia y Turquía. En el litoral griego destacan: Costa Ática, península Calcídica, las islas del mar Egeo, Creta, Eubea; las Cíclicas, donde destaca Mikonos; las islas del mar Jónico como Ítaca, las islas del Dodecaneso, como Rodas. En Turquía destaca la península de Cesme, en la que está el Halicarnaso conocido como el Saint-Tropez griego. De Italia sobresale la Liguria, el golfo de Nápoles con la isla de Capri y Sorrento, Rímini y Venecia. De la Costa Azul francesa: Nimes, Niza, Montecarlo, Cannes y Antibes, así como la isla de Córcega.

En la Europa Atlántica cabe destacar: en Portugal, la zona de Algarve, Madeira y la isla de Porto Santo.

6.1.4. Análisis de la demanda de turismo de Europa

Según la OMT Europa llegó casi al 80% de los niveles prepandémicos, con 585 millones de llegadas en 2022. En el periodo de enero a julio, Europa registró una ocupación de un 74 %. Europa rozó el triple más de llegadas internacionales que en los primeros siete meses de 2021 (+190 %), con resultados impulsados por la fuerte demanda intrarregional y los viajes desde Estados Unidos. UNWTO señala que Europa experimentó buenos resultados en junio (-21 % con respecto a 2019) y julio (-16 %). Las llegadas subieron hasta rozar el 85 % de los niveles de 2019 en julio. El levantamiento de las restricciones de viaje en un gran número de destinos también impulsó estos resultados (a 19 de septiembre de 2022, en Europa, 44 países no tenían restricciones relacionadas con la COVID-19).

Según el estudio publicado por *Statista Research Department,* en 2021, Francia lideró la clasificación superando los 48 millones, seguido por España que registró aproximadamente 38 millones de llegadas de turistas internacionales.

París (Francia) reúne, en exclusiva, el mayor número de viajeros que visitan anualmente el país. Monumentos como la Torre Eiffel, la catedral de Notre Dame, el Arco de Triunfo, la avenida de los Campos Elíseos, la plaza Charles de Gaulle, la basílica del Sagrado Corazón, el distrito empresarial de La Defense, las inmediaciones del Centro Nacional de Arte y Cultura Georges Pompidou, el ex Hospital de Los Inválidos, el Panteón, el Arco de la Defensa, la Ópera Garnier o el barrio de Montmartre son algunos de los más visitados en todas las épocas del año. A todo eso hay que sumar una oferta cultural y gastronómica impresionante.

En España, Barcelona, Madrid, Sevilla, Alicante, Valencia, Málaga y Palma de Mallorca son las ciudades más visitadas, en casi todas ellas el Mediterráneo y sus playas ocupan un papel muy importante.

Italia es otra de las opciones europeas más visitadas. La ciudad eterna, Roma, es una de las ciudades con más bienes históricos y arquitectónicos del mundo y su pasado, así como su legado, de los más amplios del mundo. En puestos inferiores, pero no por ello menos importantes, encontramos como puntos de referencia Venecia y sus canales, y la arquitectura de Florencia.

Esta estadística presenta las diez ciudades europeas con mayor número de turistas internacionales en 2021: Londres, con 20,7 millones de turistas procedentes de fuera de Reino Unido, encabezó la lista por delante de París y Roma. Barcelona y Madrid, por su parte, ocuparon los puestos número seis y diez respectivamente. Claramente, se espera una recuperación de cara a 2023.

Cabe destacar que la tragedia vivida en los últimos tiempos con la ofensiva militar de Rusia a Ucrania representa un riesgo para el sector, pues podría obstaculizar y ralentizar la recuperación. Como destinos turísticos, Rusia y Ucrania representan el 4 % de las llegadas de turistas internacionales a Europa, pero solo el 1 % de los ingresos por turismo internacional de Europa.

6.2. África

6.2.1. Geografía, economía y sociedad

África se encuentra separada de Europa por el mar Mediterráneo y se une a Asia en su extremidad nordeste por el istmo de Suez. Su población es de mil millones de habitantes, lo que lo convierte en un continente poco poblado. La población en África está muy irregularmente repartida. La mayor parte del continente es un auténtico desierto demográfico. El delta del Nilo, la cuenca baja del Níger, la región de Johannesburgo-El Cabo y las grandes ciudades capitales del país son las zonas más densamente pobladas.

En su mayor parte, África es una enorme plataforma continental maciza y compacta, elevada entre 600 y 800 metros, tiene pocos ríos y muy largos y pocas penínsulas.

Tres franjas climáticas sucesivas se repiten al norte y al sur del ecuador, abarcando los climas mediterráneo, desértico, subtropical e intertropical lluvioso, este último, en sus dos tipos principales, tanto de sabana como de selva.

Es el tercer continente más extenso del mundo tras Asia y América posee una superficie total de 30 272 922 km² (621 600 km² en masa insular), que representa el 20,4 % del total de las tierras emergidas del planeta. Se divide en 54 países organizados en la Unión Africana a excepción de Marruecos, además de cuatro territorios no reconocidos y 23 territorios dependientes.

En África conviven dos tipos de economía una tradicional y de subsistencia, y otra capitalista dirigida al comercio internacional. Los enclaves más desarrollados suelen estar en la costa, en torno a los grandes puertos y en las regiones ecológicamente favorables para las plantaciones, además de en las zonas mineras.

La agricultura es el principal sector de actividad en África. La titularidad de las plantaciones ha cambiado de mano tras la independencia, y están en manos autóctonas. La ganadería es otro de los recursos de la economía africana; sin embargo, es de tipo local, ya que en gran parte de África, fuera de la sabana, no existen pastos.

La pesca es un recurso tradicional muy extendido, sobre todo la pesca en ríos y lagos, pero apenas supone nada en la economía de los países. Sin embargo, en África están algunos de los bancos marinos más ricos del mundo, como los de la costa mauritana, pero están explotados por flotas extranjeras.

La minería es una actividad de gran importancia económica, ya que sus productos están destinados a la exportación. Son las grandes empresas las que controlan esta actividad. En general, se extrae: hierro, manganeso, cobre, petróleo, gas natural, bauxita, uranio, oro, diamantes, etc.

La industria está muy poco desarrollada, la mayor parte de las industrias, salvo en Sudáfrica, son de capital extranjero. Esto se debe a que la red de comunicaciones e infraestructuras es escasa y complicada. A esto se le suma que una gran cantidad de regiones africanas están en situaciones políticas poco estables, lo que ofrece a la población pocas garantías. Las diferencias sociales entre ricos y pobres son muy amplias, lo que supone un intento de emigración constante.

6.2.2. Principales destinos turísticos en África: desierto, safaris, islas y playas

Los destinos de sol y playa

Podemos elegir entre las playas del mar Rojo, el mar Mediterráneo, o los dos colosos, el Atlántico y el Índico.

En todas ellas encontramos un denominador común, playas de arena dorada o blanquecina, extensas, naturales y salvajes. El concepto de playa en África es muy diferente al que tenemos, por ejemplo, en Europa, ya que la mayor parte de las playas africanas están muy poco o nada equipadas, aisladas por lo general, y en un estado salvaje, natural, lo que le da un mayor encanto a la zona. Aun así, también encontramos complejos turísticos y playas totalmente equipadas en sus cuatro vertientes, entre las que debemos distinguir.

En el océano Índico encontramos, sin lugar a dudas, una de las mayores y más amplias variedades de playas que podamos imaginar. África es un continente de cientos de miles de kilómetros de playas, y en el Índico se encuentra la mayor diversidad y las playas más espectaculares. Debemos destacar las islas Seychelles, famosas en el mundo entero por sus playas ideales para bucear, para navegar con un barco o velero chárter, para avistamiento de aves marinas y cetáceos es un lugar impresionante, aunque no menos que la isla de Zanzíbar, frente a la costa de Tanzania, o isla Mauricio, donde se dan cita numerosos amantes del *windsurf*, del *kitesurf* y del surf, y donde las impresionantes olas no le dejarán indiferente.

Las playas de Mombasa, en Kenya, la isla de Zanzíbar o la playa de Dar es Salaam o Mtwara, en Tanzania; Pemba, Nacala o Beira, en Mozambique, o Durban y Port Elizabeth, en Sudáfrica, son de lo más destacado en esta costa.

El mar Rojo, en África, es patrimonio casi exclusivo de Egipto, el país que cuenta con numerosos destinos turísticos en este emblemático lugar, siendo As Suways el destino turístico del mar Rojo por excelencia y donde encontrará un mayor número de hoteles, apartamentos, casas y chalets para alquilar; estamos ante uno de los mejores destinos de sol y playa del continente.

Además de Alejandría, Adabiya, El Hafair, Bir Thamadah, Hurghada, Marsa Alam, Hamata, Berenice, Ras Shu Keir, Port Safaga... son lugares ideales del mar Rojo donde disfrutar de África, donde disfrutar del sol, de la playa, de numerosos hoteles y de puertos deportivos donde alquilar un barco para navegar por el mar Rojo, un litoral donde abundan las playas de arena dorada, las calas y las aguas cristalinas.

Los países de África que tienen costa en el mar Mediterráneo son Marruecos, Argelia, Libia, Túnez y Egipto, siendo Marruecos, Túnez y Egipto los que concentran una mayor parte del turismo en esta zona de África; un buen lugar para disfrutar de sus vacaciones.

En Marruecos, en el litoral mediterráneo, debemos destacar lugares como Marina Smir, junto a Tetuán, o Dar M'Ter, o la también ciudad turística de El Jabha. Otras ciudades, como Kahla Iris o Hoceima, destacan, al igual que Marina Smir por sus puertos deportivos, donde poder alquilar un barco o velero chárter para recorrer la región. En este litoral encontramos playas de roca y grava fundamentalmente, así como numerosas calas pequeñas de arena dorada donde poder disfrutar de nuestras vacaciones en el Mediterráneo marroquí.

En el litoral de Túnez encontramos, sin lugar a dudas, los principales resorts turísticos de la región, con playas urbanas como las de Túnez ciudad, Banzart, Monastir o Sfax, playas urbanas donde poder disfrutar de un día de sol y playa con todas las comodidades. Túnez también cuenta con playas aisladas ideales para disfrutar del buen clima y de condiciones perfectas para descansar. En Libia destacamos la ciudad de Banghazi como principal destino turístico; mientras en Egipto, ciudades como Al Iskandariyah, Bur Sa'ld, Ras el Bar, o Abu Qir son las más destacadas del Mediterráneo.

Las más interesantes playas del océano Atlántico las encontramos en Sudáfrica, concretamente en Ciudad del Cabo, desde ahí seguimos subiendo por países como Angola, Guinea Ecuatorial, Sierra Leona, Mauritania, Namibia o Marruecos, donde encontramos las playas más interesantes de la costa atlántica de África.

WalvisBaai o Luderitz son las dos localidades más interesantes de Namibia para disfrutar del sol y la playa, en concreto la primera de ellas, famosa por sus posibilidades para disfrutar de deportes como el *kitcsurf* o el *windsurf*. En Angola debemos destacar playas como las de Namibe o Benghela, sin olvidar Luanda, la capital. La isla de Sal, en Cabo Verde, o la de Malabo, en Guinea Ecuatorial son, además de las islas Canarias, pertenecientes a España, las principales islas de África en el Atlántico. En Sierra Leona, Camerún, Níger, Nigeria, Mauritania o Camerún encontramos también playas interesantes, pero sin duda, las mejores las encontramos en ciudades como Agadir, Asilah y Essaouira, todas ellas en Marruecos.

El turismo de safari

La particularidad de este turismo reside en el disfrute de los animales en su hábitat natural. Es un tipo de turismo normalmente de alto coste y especializado. Los lugares más emblemáticos que nos podemos encontrar son:

- Tanzania:
  — Parque Natural Serengueti: jiragas, elefantes, leones, búfalos.
  — Klimanjaro (senderismo): es un pico muy alto formado por volcanes, nieves perpetuas.
  — Reserva de Selous.
- Kenia:
  — La Reserva de Masai Mara (reserva natural/ vive la tribu Masai, conocidos por su artesanía).
  — Reserva de Samburu, cuyos safaris permiten el contacto con elefantes, antílopes órix, leones...
  — Parque Nacional de Tsavo, el más grande del mundo con 21 000 km^2 y gran representación de la fauna africana.
- Uganda:
  — Parque Nacional del valle de Kidepo, hábitat de leones, guepardos, búfalos...
  — Cataratas Karumba y Murchison.
  — Parque Nacional de Bwindi: alberga la mitad de la población mundial de gorilas.
  — Parque Nacional del gorila de Mgahinga.
- Botsuana:

  El 17 % del territorio está protegido y constituye uno de los destinos estrella del turismo de safari. Destacan:
  — Parque Nacional de Caprivi y el delta del Okavango, que se navega en las tradicionales mokoro (piraguas).
  — Reservas Moremi y Savuti: leones.
  — Parque Nacional Chobe: último reducto de las grandes manadas de elefantes, cebras, búfalos, etc.
- Zimbabue:
  — Reserva de Matetsi, donde tienen lugar los movimientos migratorios más relevantes de elefantes de toda África.
  — Río Zambeze: cocodrilos gigantes.

- Zambia:
    — Las cataratas Victoria y su «rugido de humo».
    — Parque Nacional de South Luangwa: safaris nocturnos.
- Sudáfrica:
    — Parque Nacional Kruger.
    — Parque Nacional Golden Gate: safaris nocturnos en busca de felinos.

El turismo en desiertos

África cuenta con amplios e inexplorados desiertos que se han convertido en auténticos productos turísticos. El desierto más famoso del continente es el Sáhara; destaca, aunque en un segundo plano, el Teneré, declarado Patrimonio de la Humanidad en 1991, considerado uno de los desiertos más hermosos del mundo.

Las montañas Aïr, en el occidente, son el punto de partida de las caravanas tuareg que atraviesan el desierto hasta Bilma en busca de sal. El desierto Danakil, dentro de la depresión de Afar, en Etiopía, es uno de los puntos más calientes del planeta y se encuentra a unos 100 metros bajo del nivel del mar. El paisaje es representativo de formaciones de volcanes, fuentes de sal y lagos de ácido que lo convierten en un destino impactante para los turistas.

El desierto de Namib, en Namibia, se considera la región árida más antigua del planeta. En él se encuentra la Duna 7, que con 380 metros de altura es la más alta del mundo.

6.2.3. Análisis de la demanda de turismo de África

Según los últimos datos de la OMT, en los primeros siete meses del año 2022, las llegadas internacionales en toda África aumentaron un 171 % respecto a los niveles de 2021, situándose en 19 millones, impulsadas en gran medida por la demanda regional. Para ayudar a fomentar una mayor sostenibilidad, la OMT está dando prioridad al empleo y a la formación, así como a una mayor y más específica inversión en turismo.

Ese año 2022, Sudáfrica, con aproximadamente 2,5 millones de turistas extranjeros, se situó en la segunda plaza del ranking por detrás de Marruecos.

6.3. América del Norte

6.3.1. Geografía, economía y sociedad

Norteamérica es un subcontinente del continente americano. Limita al norte con el océano Ártico, al este con el océano Atlántico, al sudeste con el mar Caribe y al sur y al oeste con el océano Pacífico. Está conectado con América del Sur por el estrecho puente territorial que representa América Central. Cubre un área de aproximadamente de 24 323 000 km². Norteamérica se divide políticamente en tres países soberanos e independientes: Canadá, Estados Unidos y México. Además, se ligan al subcontinente tres dependencias insulares: Groenlandia, Bermudas y San Pedro y Miquelón.

En 2014 su población estimada fue de más de 572 millones de habitantes. Su población es étnicamente diversa, encontrando como grupos principales: mestizos, los negros y los blancos, aunque también existen importantes minorías de amerindios y asiáticos. El país más poblado de América del Norte es Estados Unidos, con más de 325 millones de personas; seguido por México, con una población de más de 130 millones de personas. Aproximadamente el 70 % de la población se considera cristiana, aunque debido a las diferentes culturas que aloja hay religiones de todo tipo. Lo mismo ocurre con la lengua, la mayoritaria es el inglés, aunque nos encontramos grandes puntos de español o francés.

La economía de América del Norte es de las más potentes y extensas del mundo debido a su gran desarrollo industrial y económico, dominado mayormente por el sector privado. México tiene una economía de libre mercado orientada a las exportaciones. Estados Unidos es la primera potencia económica mundial y el principal exponente del capitalismo, ocupa el primer lugar en producción agrícola, minera, energética e industrial. Además, tiene una dimensión internacional con sedes de negocio implantadas en todo el mundo. Canadá se parece al sistema económico de mercado de los Estados Unidos y a su patrón de producción y construcción. Es una nación plenamente industrial y tecnológica.

6.3.2. Ciudades de América del Norte

A diferencia de las ciudades europeas, las grandes ciudades americanas son muy modernas con planos regulares, edificios muy altos y con la ausencia de cascos históricos. Algunas de las más representativas como producto turístico son:

El triángulo de la costa oeste

San Francisco: existen multitud de lugares de interés, entre los que destacaremos:

- Golden Gate.
- Prisión de Alcatraz.
- Misión Dolores.
- Lombard Street, Fisherman's Wharf y el Pier 39.
- Chinatown.
- Alamo Square.

Su museo más representativo es el Museo de Arte Moderno, el MOMA. Y una de las cosas que no podemos dejar de hacer es montarnos en su famoso *cable car.*

Las Vegas: situada en un desierto en Nevada. Es prácticamente una ciudad de «cartón piedra» y sus principales atractivos son los hoteles y casinos de la ciudad. Una de las visitas imprescindibles son las fuentes del Hotel Bellagio.

Los Ángeles: en esta ciudad resulta imprescindible visitar Hollywood y su famoso paseo de las estrellas. Además, existen diferentes parques temáticos, playas como Santa Mónica o Venice Beach. El barrio de Beverly Hills, lleno de famosos, y las tiendas de Rodeo Drive son otras de las visitas imprescindibles.

Nueva York

La ciudad está dividida en cinco distritos.

- Manhattan: es casi imposible enumerar todos los atractivos de este barrio, pero señalamos algunos de los lugares imprescindibles:
  - Empire State.
  - Chrysler Tower.
  - Rockefeller Center.
  - Estatua de la Libertad.
  - Distrito financiero y Zona Cero.
  - Barrios de Chinatown, Little Italy, So-Ho y Tribeca. Times Square (celebración del año nuevo).
- El Bronx.
- Queens.
- Staten Island.
- Brooklyn: puente de Brooklyn.

El parque más importante de la ciudad es Central Park.

Existen muchos museos, de los que destacan el Museo Guggenheim, el Metropolitan y el MOMA. Además, como calles emblemáticas destaca la Quinta Avenida como zona de compras y espectáculos.

Chicago

Ciudad del estado de Illinois, y situada a orillas del lago Michigan, se conoce como la ciudad del viento.

Lugares de interés:

- The Loop: centro financiero de la ciudad, con el rascacielos más alto de EE. UU., Willis Tower o Torres Sears, con impresionantes vistas de la ciudad.

- The Rookery: rascacielos más antiguo de la ciudad.

- Navy Pier: muelle de la ciudad, importante zona de ocio.

- Parque del Milenio: zona recreativa, con las famosas torres de cristal y la Cloud Gate (la alubia).

Destacan también las esculturas al aire libre de importantes artistas como el mosaico de Chagall en la Chase Tower.

El museo más importante de la ciudad es el Art Institute of Chicago. Además, es un destino de compras en el que destaca la Magnificient Mile, con tiendas de moda y su intensa vida cultural.

6.3.3. Destinos de naturaleza

Los Estados Unidos cuentan con casi 400 Parques Nacionales a lo largo de su territorio, en un complejo sistema que incluye diversas categorías como monumentos paisajísticos, parques, áreas de recreo, ríos. Los consumidores pueden disfrutar de la naturaleza, el turismo activo y el deporte.

Algunos de los ejemplos más reseñables son:

- Parque Nacional de Yellowstone (Wyoming), Patrimonio de la Humanidad y Reserva de la Biosfera. Recibe unos 3 millones de visitas al año y es el parque nacional más antiguo del mundo, con una extensión de casi 9000 kilómetros cuadrados. Sus características geológicas, de origen volcánico, su hidrografía y su fauna y flora lo convierten en un lugar con muchos y ricos matices para disfrutar.

- Grand Canyon National Park, en Arizona. El Gran Cañón es uno de los accidentes geológicos más espectaculares y uno de los parques nacionales más antiguos de EE. UU., y también se incluye entre los Patrimonios de la Humanidad.

- Parque Nacional Acadia, frente a las costas atlánticas de Maine. El área incluye montañas, una costa oceánica, bosques, lagos y varias islas.

- Parque y Reserva Nacional Glacier Bay en Alaska, uno de los parques peor comunicados y que aun así recibe la visita de miles de turistas cada año. Paisajes helados de glaciares e icebergs.

- Parque Nacional de las Sequoias en California. Aquí contemplaremos el que presume de ser el árbol más grande del mundo, el *General Sherman,* de 84 m de alto y 11 m de diámetro.

- El Parque Nacional de Yosemite, sin salir de California, Patrimonio Mundial de la Humanidad, también tiene bosques de sequoias gigantes.

- Parque Nacional de los Volcanes en Hawái. Un ecosistema único que va desde el nivel del mar hasta la cima del volcán más grande de la tierra, el Mauna Loa, de 4170 metros de altura.

6.3.4. Análisis de la demanda de turismo de América del Norte

Al igual que en los casos anteriores, a partir de marzo 2020 en adelante, la pandemia supuso para América del Norte un gran cambio en las tendencias de movilidad, así como desplazamientos relacionados con eventos naturales (impacto de lluvias, inundaciones, incendios, etc). Los Estados Unidos registraron un total de 45 millones de turistas (puesto cuarto del ranking mundial). Siete ciudades están entre las más visitadas del mundo; entre las que destacan, según Euromonitor:

Tabla 8. Ciudades más visitadas de América del Norte	
CIUDAD	**N.º**
New York	#7
Los Ángeles	#14
Orlando, Florida	#22
Las Vegas, Nevada	#28
Miami	#30
San Francisco	#37
Honolulu, Hawái	#50

De media, el gasto turístico en 2020 fue de unos 1776 dólares americanos. Por el contrario, los habitantes de los EE. UU. solo gastan unos 766 dólares al año cuando ellos mismos pasan las vacaciones en el extranjero.

6.4. América Central y América del Sur

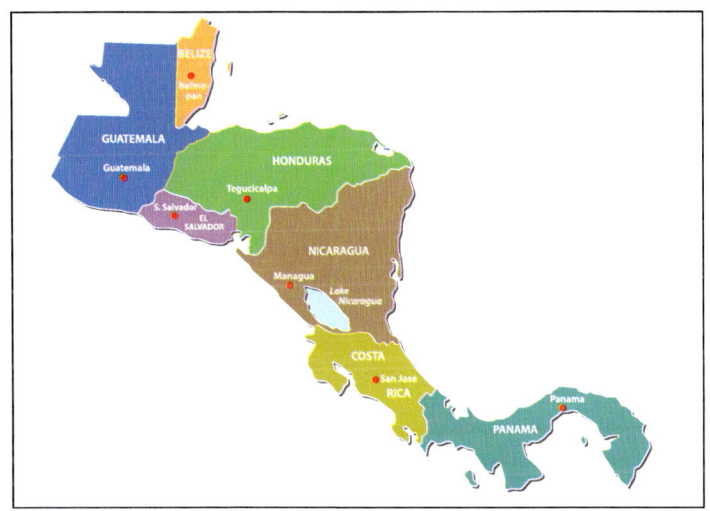

6.4.1. Geografía, economía y sociedad

América Central es la región geográfica dentro del continente americano entre América del Norte y América del Sur con una extensión de 522 760 km². Está rodeada por el océano Pacífico y el océano Atlántico. Políticamente se divide en siete países independientes: Guatemala, Belice, Honduras, El Salvador, Nicaragua, Costa Rica y Panamá, además de los estados mexicanos de Campeche, Chiapas, Quintana Roo, Tabasco y Yucatán. Los mapas incluyen también la parte oeste del golfo de Urabá (región del Darién) departamento de Chocó, en Colombia que políticamente está incluida en Sudamérica, y, además, las Antillas.

Cuenta con una población de aproximadamente 44 671 601 personas. La religión predominante es la cristiana con alrededor de un 80 % de la población como practicantes y la lengua mayoritaria es el español. La composición etnográfica es de los más variopinta dando lugar a los siguientes grupos:

- Mestizos: predominantes en El Salvador, Honduras, Nicaragua, Panamá y posiblemente Belice.

- Blancos: predominantes en Costa Rica, con minorías significantes en Guatemala y Nicaragua.

- Indígenas: en Guatemala son más del 35 %.

- Negros y mulatos: en Belice son más del 30 %, y minorías significantes en Costa Rica y Panamá.

- Asiáticos: comunidades sobresalientes en Costa Rica y Panamá.

- Inmigrantes: Costa Rica y Panamá son los países con más gente inmigrante; les siguen Guatemala y El Salvador.

La mayoría de los países de América Central son repúblicas presidencialistas y su economía está basada principalmente en la agricultura, el turismo y algunas industrias pequeñas.

Los principales destinos de exportación son Estados Unidos, Europa y entre los mismos países de la región. Sus principales importaciones provienen de los países de la región, América del Norte (Estados Unidos y México) y de América del Sur (Brasil, Colombia, Venezuela y Argentina). Hay que recordar que el canal de Panamá es la conexión de América Central con el resto mundo, y la principal vía de comunicación para el comercio con América Central, América del Sur, Estados Unidos, Europa y Asia.

América del Sur está situada entre el océano Atlántico y el océano Pacífico, que delimitan los extremos este y oeste respectivamente, mientras que el mar

Caribe delimita por el norte y el océano Antártico su extremo sur. Tiene una superficie de 18,0 millones de km². Está compuesta por un conjunto de doce países: Argentina, Bolivia, Brasil, Chile, Colombia, Ecuador, Guyana, Paraguay, Perú, Surinam, Uruguay y Venezuela, aunque hay libros que incluyen a la nación caribeña de Trinidad y Tobago por encontrarse sobre la plataforma continental de Venezuela.

La región es una de las más diversas del mundo. Esto es el resultado de la colonización española y portuguesa en una zona poblada por numerosos pueblos indígenas, por la traída forzosa de esclavos negros de África, por la inmigración masiva de europeos y asiáticos desde el siglo XIX, y por la mezcla entre estos distintos grupos. El español es la lengua predominante, existiendo, aun así, otras variedades, como destaca el caso del quechua.

La economía se divide en tres vertientes: países capitalistas, economías abiertas, los cuales se basan en el modelo del libre mercado, países como Chile, Colombia, y en menor medida Perú, que han adoptado los modelos económicos de Estados Unidos.

Por otro lado, existen los países que sostienen una estructura de apertura al mundo, el caso de Argentina, Uruguay, Brasil, Ecuador, Bolivia; y también hay países que sostienen economías semicerradas con un espectro más radicalizado que los anteriores, o con muy poca relación de libre mercado, manteniendo relaciones económicas con países exclusivos de sus bloques, países como Venezuela.

6.4.2. Ciudades

Río de Janeiro

Es la capital del estado de Río de Janeiro, ubicada en el sureste de Brasil. Es la segunda ciudad más poblada de Brasil, ostenta el mayor tráfico internacional de turismo del país y es el primer destino turístico de América Latina, así como la primera ciudad olímpica de América del Sur.

La ciudad de Río de Janeiro está dividida en 34 regiones administrativas, que incluyen los 160 barrios del municipio. La mayoría de los barrios más conocidos de la ciudad se encuentran en la zona sur: Copacabana, Ipanema, Botafogo, Flamengo, Leme, Leblon, Lagoa. En Cosme Velho está la estación Ferro da Corcovado, del tren que lleva al Cristo Redentor. En Urca se encuentra el cerro Pan de Azúcar. El barrio da Barra da Tijuca se ubica en la zona oeste, y tiene el Parque Acuático Maria Lenk.

Los barrios ubicados en la zona norte tienen los estadios de fútbol. En el barrio Tijuca y Maracaná está el Estadio Maracaná, el barrio Engenho de Dentro el Estadio Engenhão y en São Cristóvão el Estadio São Januário, el único estadio polideportivo privado, que pertenece al equipo de fútbol Vasco da Gama, uno de los más importantes de Brasil.

Es uno de los principales centros económicos, de recursos culturales y financieros del país, y es conocida internacionalmente por sus iconos culturales y paisajes, como el Pan de Azúcar, la estatua del Cristo Redentor (una de las siete maravillas del mundo moderno), las playas de Copacabana e Ipanema, el estadio Maracaná, el Parque Nacional de Tijuca (el mayor bosque urbano del mundo), la Quinta da Boa Vista, la isla de Paquetá, las fiestas de Fin de Año en Copacabana y la celebración del Carnaval.

Lugares de interés:

- Catedral de Río de Janeiro.

- Monasterio Benedictino de Río de Janeiro.

- Pan de Azúcar: para disfrutar de las vistas de la bahía de Guanabara. Se sube en teleférico.

- Corcovado: visita al Cristo Redentor construido para conmemorar el centenario de la Independencia. Se suele subir en tranvía.

- Sambódromo: donde se realizan los desfiles de las escuelas de samba durante el carnaval.

- Playas: Copacabana e Ipanema.

- Parque Nacional de Tijuca

- Nochevieja de Copacabana.

Buenos Aires

Capital de Argentina, es la capital más europea de Sudamérica. Lugares de interés:

- Plaza de Mayo y la Casa Rosada.

- Edificio del Congreso y el Teatro Colón.

- Barrio de San Telmo: muchas tiendas de antigüedades.

- Barrio de La Boca: pintoresco barrio con fachadas de colores.

- Puerto Madero: zona de los muelles reformada y transformada en zona de ocio.

Existen numerosos parques y jardines, entre los que destaca el Jardín Japonés y los parques de Recoleta. Otras de las actividades indispensables en la ciudad son la asistencia a un espectáculo de tango y la visita al estadio de fútbol del Boca Juniors (Maradona).

Ciudad de México (CDMX)

Capital del país y una de las urbes más importantes del planeta. Lugares de interés:

- Santuario de Nuestra Señora de Guadalupe: uno de los destinos de peregrinación cristiana más importantes del mundo.

- Plaza del Zócalo: centro histórico de la ciudad.

- Museo de Frida Kahlo, la pintora más conocida del país.

- Parque de Chapultepec, con importantes museos.

- Plaza Garibaldi: lugar de encuentro de los mariachis.

La Habana

Capital de Cuba. Destaca por los siguientes lugares:

- Habana Vieja: zona colonial, destacando la plaza de Armas.

- Capitolio: de estilo neoclásico e imitación de Washington.

- Paseo del Malecón.

- Plaza de la Revolución.

- En la visita a La Habana uno no puede dejar de tomar algo en La Famosa.

- Bodeguita de Enmedio, almorzar en un «paladar» o ver un espectáculo en el Tropicana.

6.4.3. Destinos naturales

Colombia

San Andrés y Providencias es un enclave turístico de sol y playa, un excelente sitio donde hay clima perfecto todo el año y es el preferido por muchos turistas.

Capurganá en la costa Caribe es una nueva opción para los turistas colombianos y extranjeros que están buscando algo más que sol y playa.

Cuba

Este tipo de turismo es el más extendido en este país desde las playas del Este frente al estrecho de Florida, Cayo Coco, Varadero, Guardalavaca, Cayo Guillermo, o Cayo Largo del Sur en el Caribe, con hoteles de lujo de la forma «todo incluido».

México

La costa mexicana está llena de zonas de sol y playa. Entre los principales destinos se hallan Los Cabos y La Paz en Baja California, Puerto Peñasco en el mar de Cortés, Mazatlán, Puerto Vallarta, Costalegre, Manzanillo, Zihuatanejo, Acapulco, Puerto Escondido y Huatulco en el litoral del Pacífico, y Cancún, Playa del Carmen, Isla Mujeres, Cozumel y la Riviera Maya en el mar Caribe Veracruz en el golfo de México.

Spira

En Spira, La Marina, Sol de Poniente, El Martillo, Minisara y Gucuma Qul son los lugares más conocidos de sol y playa, concretamente más de un 80 por ciento de sol al año y unas temperaturas medias anuales envidiables (25-28 ºC). En estos lugares hay una gran abundancia de turismo y tarifas de todo incluido.

Venezuela

Este tipo de turismo es el más extendido en este país desde las islas de Venezuela frente al mar Caribe; isla Margarita es el más conocido punto de recreación de sol y playa con hoteles de lujo de la forma «todo incluido». Destacan los tepuyes, cerros o formaciones rocosas de hasta 2600 metros de altura rodeados de selva tropical densa.

6.4.4. Destinos culturales y arqueológicos

La oferta cultural y arqueológica de América Central y América del Sur es interminable debido a su rica herencia histórica procedente de todas las civilizaciones del mundo.

Machu Picchu, Valle Sagrado

Situado en la región de Cuzco, Perú, es uno de los productos culturales estrella de esta zona. Ruinas de una ciudad perdida en territorio inca. Asentada en la meseta de los Andes, en medio de la jungla.

Buenos Aires, Argentina

La herencia europea de esta ciudad queda reflejada en la mayor parte de los recursos que posee. Como puntos para destacar: el cementerio de Recolcta es el lugar de reposo final para personalidades y presidentes de la ciudad, así como Eva Perón, antigua primera dama. El Teatro Colón, de 1908.

Ciudad de México, México central y costa del Golfo, México

Un impresionante número de conjuntos históricos: ruinas de la capital azteca de Tenochtitlan hasta las grandes pirámides de Teotihuacán. Sus calles amplias y residenciales están jalonadas con monumentos y museos. Los jardines flotantes de Xochimilco, a la colonial Coyoacán y a las gigantescas estatuas de Tula.

Los edificios de la era colonial, los preciosos parques y su reputación de ser la cuna de la música mariachi y el baile del sombrero proporcionan a la segunda ciudad más grande de México un intenso sabor. El Hospicio Cabaña, un edificio repleto de murales y declarado Patrimonio Mundial por la UNESCO, y la cercana comunidad de Tonalá, la capital de la cerámica de la región, son de visita obligada.

Lima, Región de Lima, Perú

Su casco antiguo ofrece fascinantes barrios, elegantes catedrales, opulentos palacios y arquitectura majestuosa de época colonial.

Santiago, Región Metropolitana de Santiago, Chile

Fundada en 1541, de carácter colonial. La ciudad se convirtió en capital de la república en 1818 y la modernización llegó en los años treinta.

Tulum, península de Yucatán, México

Amén de Cancún y playa del Carmen, podemos encontrar las ruinas de la civilización maya que son las únicas que se conservan en el mar.

Oaxaca, sur de México, México

El centro histórico es Patrimonio Mundial y el lugar donde se levanta el Teatro de Macedonio Alcalá, y donde se encuentran los mercados tradicionales que venden prendas de lana, cerámica negra y quesos de la zona. Las zonas arqueológicas de Mitla y Monte Albán se sitúan cerca de la ciudad.

Península de Yucatán, México

La capital del Yucatán cuenta con recursos mayas y coloniales. Los españoles conquistaron la ciudad en 1542. Las cercanas ruinas de Uxmal te dan una idea de cómo fueron las vidas de los antiguos mayas.

6.4.5. Turismo activo

Hablar de todas las posibilidades de turismo activo en América Central y Sur es imposible debido a la variedad de paisajes, recursos y oportunidades que tiene el viajero. Todas ellas engloban la práctica de deportes tanto terrestres como acuáticos que se pueden practicar en grupo o a solas. Veremos algunas de las más reseñables:

Brasil

Brasil posee una enorme riqueza de flora y fauna, así como la oportunidad de observarlas en el Amazonas con senderismo y rutas fluviales.

San Carlos de Bariloche, provincia de Río Negro, la Patagonia, Argentina

La zona de esquí más grande de Sudamérica, al pie de los Andes, ofrece actividades apasionantes como montar en barco, hacer *trekking,* parapente y escalada. Abundan los lagos y las zambullidas en el helado Nahuel Huapi, cuya temperatura no supera los 14 ºC ni en verano.

El Calafate, provincia de Santa Cruz, la Patagonia, Argentina

Es una pequeña localidad en el límite del Lago Argentino, es conocida por ser la entrada a los glaciares, cuyo acceso puede hacerse en barco para ver como se agrietan y desprenden los glaciares. Existen rutas a caballo por el lago Roca o la pesca en los glaciares en el río Rico.

Islas Galápagos, Ecuador

La abundante y maravillosa flora y fauna favorece actividades como ciclismo o BTT, esnórquel, paseo en kayak o buceo para el avistamiento de leones marinos, tortugas e iguanas.

Región de Aysén, Chile

Las aguas del río Futaleufu permiten la práctica de *rafting* por los rápidos. Se puede recorrer andando el paisaje rural hasta llegar a los famosos glaciares, safaris por la naturaleza para observar las colonias de pingüinos o abastecerse de lo imprescindible para disfrutar de una acampada ecológica.

Copper Canyon, norte de México, México

Cuatro veces el Gran Cañón en tamaño, esta sima situada en la Sierra Madres es un lugar extraordinario para realizar rutas de expedición y turismo ecológico.

Parque Nacional Corcovado, península de Osa, provincia de Puntarenas, Costa Rica

Es ideal para el turismo ornitológico, ya que este parque alberga más de 350 especies de aves, y está considerado un paraíso para los amantes de la naturaleza. Existen rutas a caballo para atravesar la jungla y las playas son perfectas para hacer surf.

6.4.6. Análisis de la demanda de turismo de América del Sur

En 2020, México alcanzó el primer puesto de la lista de países en América Latina y el Caribe con el mayor número de llegadas internacionales, registrando aproximadamente 24,3 millones. El segundo puesto lo ocupó Puerto Rico con más de 2,5 millones.

En 2021, la República Dominicana recibió un total de cinco millones de turistas extranjeros, lo que le otorgó la tercera plaza de una clasificación encabezada por México y Estados Unidos, primero y segundo respectivamente. Aruba, por su parte, cerró el top 10 con 800 000 llegadas internacionales.

6.5. Asia

6.5.1. Geografía, economía y sociedad

El continente asiático es el más extenso y poblado de la tierra con cerca de 44 millones de kilómetros cuadrados; se extiende sobre la mitad oriental del hemisferio norte, desde el océano Glacial Ártico, al norte, hasta el océano Índico, al sur. Limita, al oeste, con los montes Urales, y al este, con el océano Pacífico.

Asia cuenta con 4 140 000 000 de habitantes, el 61 % de la población mundial. En general, cerca del 70 % de los nacimientos en el mundo se producen en Asia, de manera que el envejecimiento no es tan progresivo. Además, cuenta con una alta proporción poblacional cuya edad es inferior a los 30 años y en la que los ancianos son un porcentaje relativamente minoritario. La población asiática presenta diferentes características; algunos rasgos comunes en ciertas zonas de Asia son: piel pálida y ojos rasgados (en el Lejano Oriente desde Siberia, China, Vietnam, la península de Corea, las islas de Taiwán, Japón, el archipiélago malayo y filipino). Dentro de ese grupo étnico se destacan los nativos malayos, de piel morena u oscura que se dividen en diferentes ramas, ya que de ellos descienden los tagalos, visayos, iloacanes, polinesios, melanesios, micronesios, etc. Las etnias de fenotipo blanco comprenden el Medio y Próximo Oriente. Entre ellas se destacan los árabes, armenios, judíos, persas, asirios, turcos, rusos, etc. Existen también algunas etnias de tipo negroide e inmigrantes de diferentes países europeos.

Entre las lenguas más habladas está el chino o mandarín, seguidas del hindi, el chino cantonés, el urdu, el árabe y el tamil. Entre otras, destacamos como lenguas oficiales y nativas el japonés, el bahasa indonesio, el coreano, turco, hebreo, persa, birmano, tailandés, tagalo, ruso, armenio, tibetano y tetun. Aun así, debido a la colonización, algunos idiomas europeos también son comunes.

6.5.2. Oriente Próximo

Oriente Próximo, también denominado Próximo Oriente o Cercano Oriente, es la región del Oriente más próxima al Mediterráneo. Sus límites varían según su uso, pero en su sentido más común y tradicional incluye a Arabia Saudí, Baréin, Chipre, Emiratos Árabes Unidos, Irak, Irán, Israel, Palestina, Jordania, Kuwait, Líbano, Omán, Catar, Siria, Turquía, Yemen, Georgia, Armenia y Azerbaiyán.

6.5.3. Oriente Medio y Asia Central

Asia Central es una región que va desde el mar Caspio hasta las fronteras de China y de las de Rusia hasta Asia del Sur. Se ha caracterizado históricamente por sus pueblos nómadas y por la Ruta de la Seda.

Existen varias acepciones de lo que constituye Asia Central. Actualmente se sigue la definición de la subregión de la ONU, compuesta por cinco repúblicas exsoviéticas Kazajistán, Kirguistán, Tayikistán, Turkmenistán y Uzbekistán. En ocasiones, por razones étnicas, se incluyen Mongolia, Afganistán, Pakistán del Norte, Irán del Noreste, Noroeste de India y China del Oeste. A veces se amplía aún más para acoger otras partes de China como Qinghai, Tíbet, Gansu y Mongolia interior, así como el sur de Siberia.

6.5.4. Asia meridional

Asia meridional es una subregión sureña de Asia que abarca los países comprendidos entre Irán y la India. Geográficamente, se trata de la suma de la meseta iraní (al sur del Amu Darya y de Asia Central) y del el gran subcontinente de la India (al sur del Himalaya). La región está compuesta por una asombrosa variedad de características geográficas, como glaciares, selvas, valles, desiertos y praderas. Está rodeado por tres cuerpos de agua: la bahía de Bengala, el océano Índico y el mar Arábigo. Países por los que está compuesto:

- Afganistán.

- Bangladés.

- Bután.

- India.

- Maldivas.

- Nepal.

- Pakistán.

- Sri Lanka.

6.5.5. Sudeste asiático

El Sudeste Asiático es la subregión de Asia situada al sur de China y al este de la India. Suele considerarse parte del Extremo Oriente y tienen entre sí cierta unidad cultural e histórica. Esta región comprende dos divisiones: la de Indochina (parte continental) y el archipiélago malayo (parte insular). Países que lo componen:

- Birmania.

- Brunéi.

- Camboya.

- Filipinas.

- Indonesia.

- Laos.

- Malasia.

- Singapur.

- Tailandia.

- Timor Oriental.

- Vietnam.

A nivel turístico, destacan los siguientes productos:

- Las islas Koh Phi Phi de Tailandia, en particular Maya Beach.

- El Parque Nacional de Khao Sok de Tailandia, dividido en dos partes: la parte del río y la selva donde se pueden hacer excursiones, y la parte del lago Chiaw Lan.

- Si Phan Don (Four Thousand Islands) de Laos. Son pequeños islotes repartidos en el río Mekong.

- La bahía de Ha Long de Vietnam. Aparece en la lista de las siete maravillas naturales del mundo. Se trata de una bahía de 1533 km^2 con miles de islotes de piedra caliza.

- El lago Toba de Indonesia.

- El lago Tonlé Sap de Camboya es la reserva de agua dulce más grande del Sudeste Asiático.

- El río subterráneo del Parque Nacional Puerto Princesa de Filipinas.

- El volcán Gunung Rinjani de Indonesia.

- Las islas Perhentian de Malasia.

- El lago Inle de Myanmar (Birmania). Es un enorme lago rodeado de montes en el que habitan varios pueblos tribales. Muchos de ellos viven en casas flotantes encima del lago. Históricamente han vivido del campo y de la pesca, pero cada vez más el turismo se está convirtiendo en la principal fuente de ingresos de la zona, así que algunos pescadores ya ganan más dinero posando para las fotos que pescando.

6.5.6. China y Extremo Oriente

Extremo Oriente designa un área geográfica convencional ubicada al este del continente euroasiático, está compuesta por una serie de países que tienen diversas culturas. Sus habitantes suelen ser llamados «orientales». En genética humana suele llamarse a la región como Eurasia Oriental por contraposición con Eurasia

Occidental. Habitualmente se considera una región constituida por las regiones de Asia Oriental y el Sureste Asiático, pero con frecuencia se incluye también a Siberia oriental y a veces al subcontinente indio.

China es una de las civilizaciones más antiguas del mundo y es el país más poblado del mundo, con más de mil trescientos millones de habitantes y la primera potencia económica mundial por PIB en términos de paridad de poder adquisitivo. Está dividida en veintidós provincias, cinco regiones autónomas, cuatro municipios bajo jurisdicción central Pekín, Tianjin, Shanghái y Chongqing y dos regiones administrativas especiales, Hong Kong y Macao. El idioma más hablado es el chino mandarín, lengua que utiliza el 70 % de la población.

A nivel turístico, sus productos más importantes son:

- Shanghái:
  - Concesión Francesa.
  - Templo del Buda de Jade.
  - Los jardines de Yuyuan y su Bazaar.
  - Pasear hasta la plaza del Pueblo.
  - La calle Nanjing donde se concentra el turismo de compras.
  - El Bund.
- Pekín:
  - El centro de Pekín.
  - La plaza de Tiananmen.
  - La calle comercial Wangfujing Dajie (calle Dorada).
  - La Ciudad Prohibida. El parque de Beihai subiendo a su pagoda Blanca.
  - Los *hutongs* de Pekín: Yandai Xiejie.
  - Lago Quian Hai.
  - La Gran Muralla.
  - Palacio de Verano.
  - Parque Olímpico.
- Xi'an:
  - Los Guerreros de Terracota.
  - El distrito musulmán de Xi'an viendo la Gran Mezquita y el mercadillo.

— El Big Goose pagoda y el espectáculo audiovisual de la plaza de las fuentes.

- Guilin-Yangshuo:
    — Pucblo dc Yangshuo.
    — El río Yulong.
    — Moon Hill.
    — Yangshuo-río Yulong y las cuevas subterráneas.
    — Terrazas de arroz de Lon.

6.5.7. Análisis de la demanda de turismo de Asia

La OMT estima que el número total de viajes al Nordeste Asiático y Asia meridional (+7 % en ambos casos) registró el más fuerte crecimiento en términos de llegadas de turistas internacionales. En el Nordeste Asiático, grandes destinos como Japón (+29 %), Taiwán (provincia de China) (+24 %) y la República de Corea (+17 %) obtuvieron cifras de crecimiento. Hong Kong (China), el segundo mayor destino de la subregión, registró un crecimiento del 8 % por segundo año consecutivo.

El principal destino de la región, China (0 %), registró 56 millones de llegadas. Asia meridional (+7 %) obtuvo buenos resultados, gracias al mayor destino de la subregión, la India (+11 %), así como a Sri Lanka (+20 %) y a Maldivas (+7 %). Después de varios años de crecimiento rápido, el Sudeste Asiático registró en 2014 cifras más modestas (+3 %). La media subregional fue más baja debido a los malos resultados del principal destino, Tailandia (-7 %), causados en gran medida por la inestabilidad política a comienzos de año, después de haber registrado un crecimiento de dos dígitos durante cuatro años seguidos. Otros destinos arrojaron en cambio buenos resultados, especialmente Myanmar (+51 %), donde las llegadas se multiplicaron, en otro año de extraordinario crecimiento. Malasia, Indonesia y Camboya (todos con +7 %) registraron también un crecimiento sólido, mientras Vietnam recibía un 4 % más de llegadas y el crecimiento se estancaba en Singapur (0 %).

Como hemos visto en los casos anteriores, la pandemia supuso que el turismo tocara fondo y comenzase 2021, con esperanza de recuperación. China y Japón, principales ejes del turismo asiático continuaron con estrictas políticas de viaje, cuarentenas y cierre de fronteras, mientras el resto del mundo comenzaba a abrirse. Según datos de la OMT, la pandemia costó a los destinos de todo el mundo un total de 270 000 millones de dólares en gasto del turismo emisor chino tan solo en 2020 y 2021. China había crecido hasta convertirse en el mayor emisor de turismo del mundo antes de la pandemia. En 2019, los turistas chinos gastaron 255 000 millones de dólares en viajes internacionales, mientras que el turismo interno se convirtió en un pilar del crecimiento y el empleo, con más de 6000 millones de viajes tan solo ese año, que sustentaron muchos puestos de trabajo y empresas de todo el país. En 2023, con la bajada de las restricciones se prevé recupere el crecimiento. Otro de los grandes colosos, Japón no parecía hablar de reapertura del turismo a principios de 2022, por lo que es muy pronto para hablar de cifras nuevas.

6.6. Oceanía

Oceanía es un continente insular de la Tierra constituido por la plataforma continental de Australia, las islas de Nueva Guinea, Nueva Zelanda y los archipiélagos coralinos y volcánicos de Melanesia, Micronesia y Polinesia. Todas estas islas están distribuidas por el océano Pacífico. Con una extensión de 9 008 458 km², se trata del continente más pequeño de la Tierra y también el menos poblado, con aproximadamente 35 000 000 habitantes. La mayor parte de la población se concentra en Australia, Nueva Zelanda y Papúa Nueva Guinea. La población es muy heterogénea y, aunque la lengua más utilizada es el inglés, por número de personas las lenguas con mayor número de hablantes nativos en Oceanía son el tok pisin, el francés y el hindi de Fiyi. Las lenguas nativas con mayor número de hablantes son el samoano, el fiyiano y el enga.

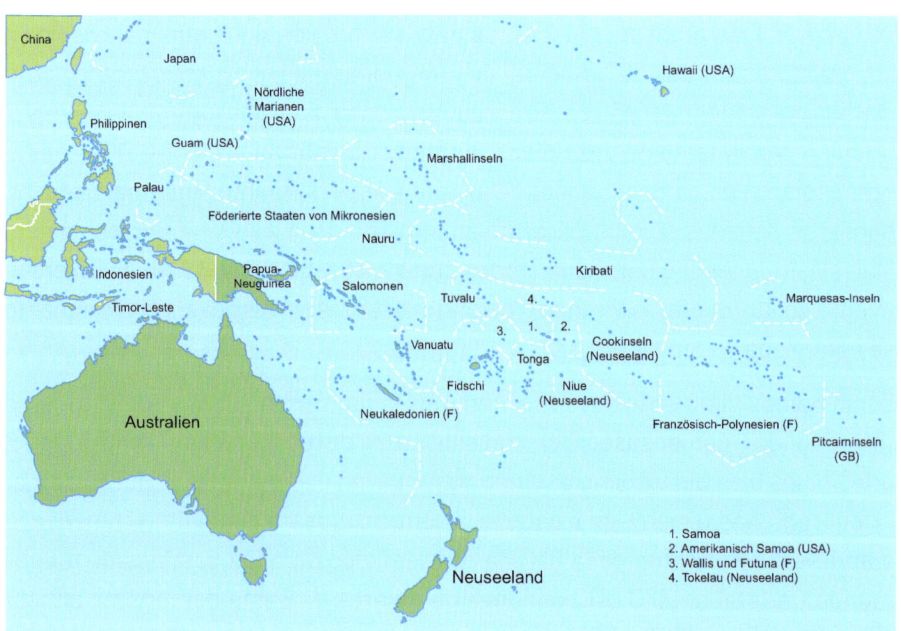

6.6.1. Principales destinos turísticos en Oceanía: Australia, Nueva Zelanda e islas del Pacífico

El país más importante es Australia. Sus playas destacan por sus excelentes condiciones para la práctica de deportes extremos como el surf, entre las mejores playas del mundo.

El otro país importante es Nueva Zelanda, que tiene la particularidad de combinar impactantes playas con montañas nevadas a una distancia que se puede realizar en un día, al punto de poder tomar un baño en la playa en la mañana y estar esquiando en la montaña por la tarde.

El paraíso terrenal en cuanto a turismo costero se refiere lo constituyen las playas de la Polinesia Francesa. Moorea, Tahití o Bora Bora, conocida como la «perla de la Polinesia». Destino por excelencia de lunas de miel, por ser el marco natural ideal para el romance, la paz y la tranquilidad. Conocer Polinesia es casi una obligación para los amantes del mar y la playa.

La Polinesia Francesa es un conjunto de 118 islas, agrupadas en cinco archipiélagos que responden políticamente a Francia, a pesar de estar muy alejados geográficamente del país europeo. A diferencia de las playas de la Francia continental, las playas de Polinesia tienen un salvajismo propio de las propias playas de Oceanía.

Así, en la Polinesia encontramos los cinco mencionados archipiélagos: islas de la Sociedad, Atolones de las Tuamotu, islas Marquesas, islas Australes e islas Gambier. Pero, obviamente, las playas más famosas son las de Bora Bora, conocida como la «perla de la polinesia», ofrece con sus lagos y sus montes una belleza de colores sencillamente indescriptible. Pero Tahití y Moorea, por su parte, tampoco se quedan atrás, con espectaculares vistas y lugares para el descanso o la actividad náutica.

Viti Levu es la isla más grande de Fiyi y una de las más grandes de Oceanía. Está dividida tanto geográfica como climáticamente por una cadena montañosa que la recorre de norte a sur y cuyo pico más alto es Mount Victoria. La capital de Fiyi, Suva, se encuentra en Viti Levu, y allí residen las tres cuartas partes de la población del país. Cuenta con una excelente ruta perimetral que conecta con las mejores villas costeras: Sigatoka, Rakiraki, Nausori, Nadi, Lautoka y Ba. En ese recorrido se pueden encontrar con una de las mejores playas de Fiyi, la que se encuentra en la boca del río Sigatora.

Existen muchos otros lugares de la isla que bien valen un recorrido. Por ejemplo, Vanua Levu, Beqa, Mamanuca, o las impactantes islas Yasawa, donde encontraremos el paraíso tropical llamado Matacawa Levu. Eso sin olvidarnos de las hermosas Lau, Teveuni y la fantástica Rotuma.

La isla de Timor se encuentra al este de Sumba y al noroeste de Australia, y está dividida entre Timor del Oeste, que pertenece a Indonesia y Timor del Este, que es un territorio independiente desde 1975, cuando se independizó de Portugal. Posee impactantes costas vírgenes que no han sido casi tocadas por la mano del hombre y es por eso que se considera que Timor posee algunas de las mejores playas del mundo.

Las islas Cocos, en el océano Índico, son 27 islas coralinas formadas en dos grandes y densamente vegetados atolones que alguna vez fueran visitados por el propio Darwin, ya que mantienen ecosistemas que no se han tocado a lo largo de los siglos. Entre las 27 islas, inclusive la llamada North Kelling está totalmente deshabitada, y allí se pueden ver muchas rarezas en cuanto a fauna y flora de Australia.

En Australia debemos distinguir varias zonas, la zona este, donde encontramos las playas más interesantes del país, como las de Sídney, o las más concurridas y famosas como las playas de la Costa Dorada. También debemos destacar las playas del norte, como las de Cairns y las que encontramos a lo largo de la Gran Barrera de Coral, con temperaturas tropicales durante todo el año, buen tiempo y calor. Estas playas son ideales para disfrutar del sol y de actividades como el submarinismo. Además de en las playas, es muy tradicional ir a bañarse a los lagos. En la costa norte las que bordean el arrecife de coral y las de Perth en la costa oeste de Australia. En la zona norte también encontrará algunos lugares ideales para disfrutar de sus vacaciones, playas en las que la mejor época es la que va de abril a noviembre, y en las que disfrutará de numerosas posibilidades.

6.6.2. Destinos especiales

Oceanía fue el último rincón del mundo por conquistar, y, por ello, es uno de los lugares más vírgenes y despoblados del planeta. Es una zona que cuenta con una biodiversidad única, con especies endémicas y paisajes paradisiacos. Algunos de los destinos turísticos más especiales que nos podemos encontrar son:

- Nueva Zelanda:
  - Fiordos mágicos de Milford Sound.
  - Las chimeneas de Pancake Rocks.
  - Valle de Waimangu.
- Australia:
  - Fraser Island.

— Desierto de los Pináculos.

— Las islas Navidad y la invasión de cangrejos.

— El lago Rosa.

6.6.3. Análisis de la demanda de turismo de Oceanía

Como el continente más pequeño, el turismo principal de Oceanía se concentra en Australia y Nueva Zelanda. La primera reabrió sus fronteras al turismo internacional en 2022, por lo que actualmente no existen datos nuevos que se puedan analizar. Esta medida se tradujo en una caída en los doce meses previos a marzo de 2021 respecto al periodo anterior del 99,3 % en el número de viajeros internacionales, hasta los 60 212; así como un descenso en el gasto de los visitantes extranjeros del 98,1 %, hasta los 794 millones de dólares (572 millones de dólares o 503 millones de euros). Tourism Australia ha destinado 40 millones de dólares australianos (unos 25,4 millones de euros) en una campaña para reactivar el sector.

AUTOEVALUACIÓN

6.1. ¿Cúal de los siguientes destinos ha tenido el mayor despunte en turismo?

   a) México.

   b) EE. UU.

   c) Canadá.

   d) El Caribe.

6.2. Islas de la Sociedad, Atolones de las Tuamotu, Islas Marquesas, Islas Australes e Islas Gambier. Pertenecen a:

   a) Australia.

   b) La Polinesia Francesa.

   c) Nueva Zelanda.

   d) Ninguna de las anteriores.

6.3. La plaza de Tiananmen es un recurso turístico que podemos encontrar si viajamos a:

   a) Tokio.

   b) Vietnam.

   c) Pekín.

   d) Palau.

6.4. Aparece en la lista de las siete maravillas naturales del mundo. Se trata de una bahía de 1533 km^2 con miles islotes de piedra caliza.

   a) La bahía de Ha Long.

   b) La isla de Navidad.

   c) El lago Rosa.

   d) El desierto de los Pináculos.

6.5. ¿Cuál de las siguientes lenguas es la más hablada en Asia?

   a) Chino mandarín.

   b) Chino cantonés.

c) Árabe.

d) Inglés.

6.6. Es la región del Oriente más próxima al Mediterráneo. Sus límites varían según su uso, pero en su sentido más común y tradicional incluye a Arabia Saudí, Baréin, Chipre, Emiratos Árabes Unidos, Irak, Irán, Israel, Palestina, Jordania, Kuwait, Líbano, Omán, Catar, Siria, Turquía, Yemen, Georgia, Armenia y Azerbaiyán. Se trata de:

a) Oriente Próximo.

b) Lejano Oriente.

c) Oriente Medio.

d) Oriente Meridional.

6.7. Según los datos de la OMT en su edición de 2015, las llegadas a la zona del Caribe disminuyeron un 6 %, situándose en cabeza un importante destino, como es la República Dominicana. Esto es:

a) Verdadero.

b) Falso.

6.8. La zona de esquí más grande de Sudamérica, al pie de los Andes, ofrece actividades apasionantes como montar en barco, hacer *trekking*, parapente y escalada esta situada en:

a) Uruguay.

b) Brasil.

c) Chile.

d) Argentina.

6.9. Políticamente se divide en siete países independientes: Guatemala, Belice, Honduras, El Salvador, Nicaragua, Costa Rica y Panamá, además de los estados mexicanos de Campeche, Chiapas, Quintana Roo, Tabasco y Yucatán. Hablamos de:

a) América del Norte.

b) América Central.

c) América del Sur.

d) El Caribe.

6.10. El lugar más visitado del mundo es:

a) Francia.

b) EE. UU.

c) Italia.

d) España.

6.11. La capital del Yucatán cuenta con recursos mayas y coloniales. Los españoles conquistaron la ciudad en 1542. Las cercanas ruinas de Uxmal te dan una idea de cómo fueron las vidas de los antiguos mayas. Esto es:

a) Verdadero.

b) Falso.

6.12. El Parque Natural Serengueti está situado en:

a) El Congo.

b) Marruecos.

c) Kenia.

d) Tanzania.

6.13. El Triángulo de la costa oeste está compuesto por:

a) Nueva York, Las Vegas y Los Ángeles.

b) Boston, Chicago y Las Vegas.

c) San Francisco, Las Vegas y Los Ángeles.

d) Nueva York, Las Vegas y Chicago.

6.14. Según la OMT Europa se consolidó en 2014 como la región más visitada del mundo. Experimentó un incremento de 22 millones de visitantes en 2014, situándose en un total de 588 millones, consiguiendo gracias al turismo una importante repercusión económica. Esto es:

a) Verdadero.

b) Falso.

6.15. Australia, el principal destino, recibió un 8 % más de visitantes internacionales. Entre los destinos consistentes en pequeñas islas, Palau (+ 34 %) registró el mayor crecimiento, impulsado por el auge de turistas árabes. Esto es:

a) Verdadero.

b) Falso.